EDITOR'S NOTE
창간사

'밀리터리 잡지', '무크지', '그림 대량 발주', '하나의 주제' 그리고 '판터(Panther)'…

2019년 12월. 내 앞에 놓인 단어들의 나열이었다. 이 무의미한 나열은 곧 하나의 명사로 대체됐다.

"헤드쿼터(Headquarter)"

무심결에 내뱉은 한마디가 잡지 제호가 됐고, 개인의 취향이 창간호의 주제가 됐다. 고백하건대, '창간호 주제가 왜 하필 판터인 거냐?'란 소리를 백 번은 더 들었던 것 같다. 2차 대전 독일군 탱크를 할 거라면 티거가 맞지 않냐는 아쉬움들. 업계 관계자는 기본이었고, 잡지의 인터뷰이들, 심지어 잡지 부록을 위해 만났던 아카데미 모형 관계자분들까지도 걱정을 해주셨다. 그때마다 내가 했던 말이 있다.

"티거(Tiger)가 아니기 때문에 하는 겁니다."

티거를 싫어하는 건 아니다. 아니, 오히려 좋아하는 쪽에 가깝다. 무쌍(無雙)을 찍은 티거의 에피소드와 수많은 전차 에이스들의 이야기를 싫어할 사람이 몇이나 될까? 티거를 싫어하는 게 아니라 판터를 조금 더 좋아하는 거다. 왜?

"무적이 아니라서"

무적이 아니라서, 약점이 많기 때문에 판터를 좋아한다. 모든 탱크가 티거가 될 순 없다. 물론, 무적이 아니기에 무적을 추구하고, 동경할 수 있다. 그러나 모든 탱크가 티거가 될 수 없다는 사실은 변함이 없다. 어른들의 사정이 있고, 현실이라 쓰고 '돈'이라 읽는 복잡한 사회 시스템도 있다. 티거가 이상이라면, 판터는 현실이다. 헤드쿼터는 냉정한 현실 인식 위에 서 있는 곳이다.

내 얄팍한 상식을 더듬어 봤을 때 한국에서 밀리터리 무크지가 만들어진 적은 없었다. 그 무크지가 하나의 주제로만 채워진 적도 없었다. 그리고 그 잡지의 반 이상을 그림으로 채운 적도 없었다. 그 그림을 모두 국내 작가로 채운 적은 더더욱 없었다.

냉정한 현실 인식 위에 서 있는 헤드쿼터라 말했지만, 정작 눈앞에 놓인 잡지는 현실보다는 이상에 더 가까운 형태가 됐다. 참신하단 평가를 받을 수도 있지만, 반대로 무모하다는 비난을 받을 수도 있다. 이 두 극단의 평가를 하나로 아우를 수 있을까?

"누구도 시도해 보지 않은 길"

처음 가보는 길은 언제나 두렵다. 두렵기에 주저할 수 있고, 뒤를 돌아보기도 한다. 그러나 돌아갈 순 없다. 헤드쿼터의 첫 번째 주제를 판터로 잡은 이유이기도 하다. 부족하지만, 부족함을 알기에 채워나가려는 노력. 그게 판터라고 생각한다.

시작이기에 불안한 부분, 부족한 부분이 많은 잡지다. 그러나 그 부족함을 알고 있기에 그걸 채우기 위한 노력을 아끼지 않을 생각이다. D형에서 A형으로, 다시 A형에서 G형으로 자신의 부족함을 채워나가는 판터의 모습처럼 《헤드쿼터》역시 점점 업그레이드 될 것을 약속드린다.

2020. 7. Editor in Chief
이성주

CONTENTS

02	EDITOR'S NOTE	창간사 글. 이성주
04	CHRONICLE 01	판터의 탄생 **판터는 성공한 짝퉁이다** 글. 이대영 × 그림. 유호선
10	SPEC	판터의 제원 글. 편집부 × 그림. 유호선
14	CHRONICLE 02	판터의 데뷔전 **촉박한 일정 속의 예고된 재앙 — 쿠르스크 전투** 글. 채승병 × 그림. 박성규·유호선
22	ARTICLE 01	베르게판터 **베르게판터: 구난전차의 원형** 글. 정경찬 × 그림. 유호선
26	INTERVIEW 01	판터 디오라마 **모형은 역사를 담은 오브제** 글. 편집부 × 사진. 강준환
30	INTERVIEW 02	저자에게 묻다 **전격전의 전설 — 진중근 중령** 글. 편집부
32	ARTICLE 02	판터 에이스 **에른스트 바르크만의 만헤이 활극** 글. 채승병 × 그림. SS·유호선
38	ARTICLE 03	판처야케 **독일 전차병 복장 판처야케** 글. 이대영 × 그림. SS
40	PICTORIAL 01	판터 바리에이션 **4인 4색 판터를 말하다** 글. 편집부 × 그림. 청설모·유호선·박성규·문효섭
50	ARTICLE 04	야크트판터 **나는 왜 야크트판터를 좋아하는가** 글. 이성주 × 그림. 문효섭
54	PICTORIAL 02	판터 파노라마
60	CHRONICLE 03	판터의 활약 **사라지는 판터의 전설 — 아라쿠르 전투** 글. 우에스기
64	REVIEW	영화 **야라레 메카 — 판터** 글. 조정수
65	FICTION	소설 **요람 안에서** 글. 이성주 × 그림. 장우룡
77	INTERVIEW 03	프라모델 **독일 대전물의 라인업을 완성하다** 글. 편집부 × 그림 제공. 아카데미과학
80	ARTICLE 05	판터 A형 **나는 왜 판터 A형을 좋아하는가** 글. 조정수 × 그림. KWS
84	INTERVIEW 04	게임 **월드 오브 탱크** 글. 임채진 × 그림 제공. 월드 오브 탱크
88	CHRONICLE 04	판터의 마지막 **전후 세계의 판터는 어떻게 되었을까** 글. 정경찬 × 그림 제공. 월드 오브 탱크
92	EPILOGUE	에필로그 **편집부의 밤** 글. 이성주

CHRONICLE 01   판터의 탄생   글. 이대영 × 그림. 유호선

판터는 T-34를 흉내내는 것으로 시작되었지만 마침내 세계 전사와 기갑차량의 발전사에서 한 획을 긋는 독보적인 존재로 우뚝 선, 성공한 짝퉁의 전형이다.

개발배경

독일 기갑전력의 주력 3호와 4호전차를 대체할 차기전차 VK20(20톤급 궤도차량이란 의미)의 개발계획이 수립된 것은 제2차 세계대전이 시작되기도 전인 1938년이었다. 그로부터 3년 후에 독소전이 개전되지 않았더라면 우리가 아는 '5호전차 판터'는 형태나 구조, 성능에서 기존의 3호, 4호전차와 크게 다르지 않은 모습으로 만들어졌을 가능성이 크다.

1호전차(Pzkpfw.1)로부터 4호전차에 이르기까지 모든 독일 전차에 일관되게 적용된 디자인은 강철판을 직각으로 조합하여 용접한 상자 형태가 기본인데, 크룹(KRUPP)과 DB(Daimler-Benz, 다임러 벤츠), MAN(만) 3사의 경합으로 진행되던 VK20의 초기 콘셉트 스케치에도 그런 모습이 거의 그대로 남아있는 것을 볼 수 있다. 하지만 이 모든 것을 뒤집은 것이 이른바 'T-34 쇼크'다.

1941년 6월, 바르바로사 작전의 개시와 함께 독일군은 그야말로 파죽지세의 눈부신 진격을 보여주고 있었지만 그런 와중에도 분명히 붉은 경고등으로 인식할 수밖에 없는 몇 가지 불길한 징후가 나타나기 시작했다. 그중 가장 주목할 만한 사건이 바로 T-34의 출현이다.

전반적으로 소련의 공업기술 수준은 서유럽에 비해 한참 뒤떨어졌기 때문에, 다른 대부분의 독일군과 소련군 장비의 일반적인 성능 차이에 비추어 본다면 T-34는 흡사 '우연한 실수가 거듭 반복된 결과'로밖에는 달리 설명할 수 없는 존재였다.

날카로운 전면 경사장갑으로 피탄 방어력을 높이고 넓은 캐터필러로 접지압력을 분산시켜 도로망이 빈약한 러시아의 거친 환경에서 기동력을 높인다는 아이디어는 대단한 신기술이라기보다는 마치 '콜럼버스의 달걀'처럼 발상의 전환에 가까운 것이었다. 오히려 그때까지 출현한 대부분의 각국 주력전차들이 왜 진작 이런 시도를 하지 않았는지 오히려 의아할 지경이다. 하지만 모두가 상식적으로 알고 있다는 것과 그 상식을 가장 효율적으로 구현한 물건을 실제로 만들어낸다는 것은 분명히 다른 얘기이고, T-34의 위대함은 바로 거기에 있었다.

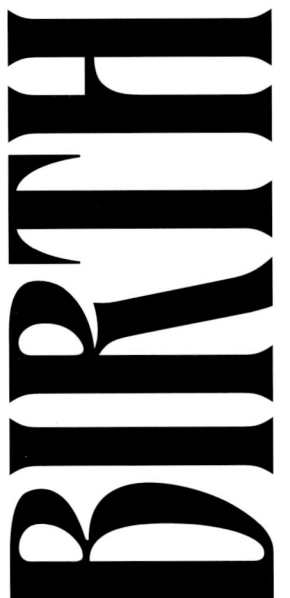

판터는   짝통이다
성공한

위로부터 벤츠社 안, MAN社 안, T-34.
외형적으로만 봐도 T-34의 영향을 강하게 받았다는 느낌이 드는 벤츠社 안과 달리
MAN社 안은 전형적인 독일군 전차의 설계방식에 경사장갑을 도입한 형태다.

INSIGHT 01
판터의 경사장갑 디자인

탱크가 등장한 이후로 전차는 내부 적재와 탑승 인원을 위한 공간 확보를 위해 수직장갑을 주로 채용해 왔다. 이는 전차의 주요 구성품인 무한궤도와 엔진 등이 차지하는 공간을 뺀 나머지에 사람과 무기, 연료까지 담아야 한다는 압박에서 오는 합리적인 선택이었다.

하지만 수직장갑의 가장 큰 문제는 방어력이 장갑의 두께에 정확히 비례한다는 점이다. 즉, 수직장갑은 방어력 상승을 위해 끝도 없이 두께를 늘려야 한다는 의미이다. 이는 곧 중량의 상승으로 이어졌다. 이를테면 수직장갑인 중전차 티거 I의 경우 장갑 두께가 100mm급이었는데 무게가 거의 60톤에 달했다.

경사장갑은 이런 장갑 두께와 방어력의 상관관계를 극복한 방식이다. 100mm 장갑을 30도 기울이면 실질 두께는 120mm, 60도 기울이면 200mm 가량으로 늘어난다. 이런 경사장갑을 쓴 전차로 유명한 게 소련의 T-34였다. 독소전 초반에 T-34와 맞닥뜨린 독일은 그 형태를 빌려 새로 개발한 전차에 채용하게 되는데 그것이 바로 5호전차 판터다. 기존 독일 전차들이 수직장갑을 채택한 것에 비해 판터 전차는 경사장갑을 활용하게 됐고, 이는 곧 판터의 정체성으로 평가받게 된다.

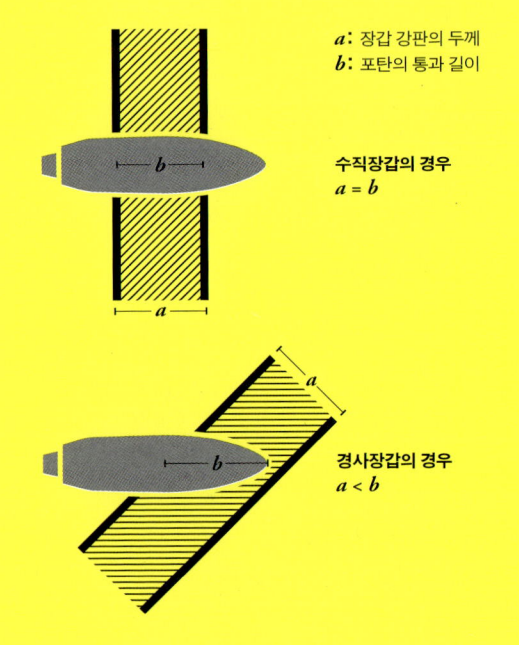

a: 장갑 강판의 두께
b: 포탄의 통과 길이

수직장갑의 경우
a = *b*

경사장갑의 경우
a < *b*

제2기갑집단 사령관 구데리안 상급대장의 지휘 아래 구성된 특별위원회가 노획한 T-34를 샅샅이 분석하기 시작했고, 여기서 얻어진 결론은 역시 경사장갑의 탁월함을 재확인하는 동시에 종전의 계획대로 20톤급의 전차로는 도저히 T-34를 제압할 수 없다는 사실이었다. 그에 따라 VK20플랜은 곧바로 중량을 30톤급으로 키운 VK30으로 수정되었고, 이미 3호전차와 3호돌격포 전차를 성공적으로 개발해 낸 경험이 있는 DB와 MAN 두 회사에 신형전차의 설계안을 1942년 4월까지 제출해 달라는 요청이 떨어졌다.

이렇게 시작된 가칭 VK30.02는 처음부터 '독일판 T-34'가 될 수밖에 없는 운명을 타고난 셈이었고, 실제로 두 회사의 설계 작업은 그때까지 독일 전차의 전통과도 같던 상자형 차체를 과감히 포기하고 T-34와 같은 경사장갑을 채용하는 것으로부터 시작되었다.

그중에서도 디젤엔진을 장착하고 기동 스프로켓이 뒤쪽에 위치하며, 포탑이 차체 앞쪽으로 크게 쏠린 외형과 판스프링 방식의 현가장치를 갖춘 DB사의 설계안이 기술 면에서 혁신적이라는 점, 그리고 T-34의 충실한 모방이라는 점에서도 좀 더 앞서 있었다.

특히 T-34와 같은 디젤엔진은 장거리 주행에 더 유리하고 이미 바닥을 드러내기 시작한 가솔린 연료절약에도 도움이 되었다. 게다가 피격당했을 때 가솔린엔진보다 인화성이 낮다는 장점도 있었고, 기동 스프로켓을 후방에 배치하면 차체를 종으로 가로지르는 동력전달 샤프트와 차체 전면에 큰 공간을 차지하는 변속기가 필요 없게 되었다. 따라서 차체 전면 경사각의 설계가 좀 더 자유로워진다는 의미가 있다.

그에 반해 MAN사의 설계는 그보다 좀 더 '독일적 전통'에 충실했다. 엔진은 이미 티거 I에 사용되고 있는 마이바흐 HL230 가솔린 엔진을 탑재하고 주행장치는 아이디어 스케치 수준에 머물러있던 VK20 시절부터 고려되었던 동시에, 이미 티거 I에 사용되어 효율적인 중량분산과 기동력이 검증된 오버랩 방식의 접시형 대형 로드휠을 채용했다.

현가장치는 3호전차 이래 거의 모든 독일 전차의 표준이 된 토션바 방식의 현가장치를 그대로 고수하는 동시에 독일 전차의 일관된 특징이라고 할 수 있는 전륜구동 방식을 유지함에 따라 차체 앞쪽에 커다란 변속기가 그대로 남게 되었다. 특히 포탑은 그 무렵 경합에 참여하지 않고 있던 라인메탈사가 '가까운 미래에 필요해질 수도 있는' 40톤급 중(重)전차 VK45에 탑재하기 위해 독자적으로 개발해 놓은 포탑을 그대로 사용하는 것으로 결정되었다.

두 회사의 설계안은 1942년 1월부터 제국 군수상 토트 박사와 그 후임자인 알베르트 슈페어에 의해 철저히 검토됐다. 정치적 판단을 제외한 1942년 독일의 상황에서 DB사의 안과 MAN사의 안 중 어떤 설계안이 현실성이 있었을까? 서로가 자랑하는 카탈로그 스펙과 장밋빛 청사진이 아닌 전차 한 대가 아쉬운 전시상황이란 제약과 그 앞에 놓여 있는 T-34란 냉엄한 현실을 넘어야 했다.

현실은 더하기가 아니라 빼기로 바라봐야 한다. 우선 가장 중요한 것이 엔진으로, DB사의 디젤엔진은 예견되는 수많은 장점에도 불구하고 처음부터 완전히 새로 만들어야 하는 물건이라는 결정적인 함정이 있었다. 설계에서부터 시제품 생산, 테스트를 통한 검증과 보완이라는 그 지난한 과정은 전시라는 특수상황에서 아무리 서둘러 해치운다 해도 상당한 시간이 필요할 것임에 틀림없었다.

히틀러의 기대를 한 몸에 받았던 판터의 탄생. 그러나 기대가 실망으로 바뀌는 데에는 그리 오랜 시간이 걸리지 않았다.

그에 반해 MAN사가 제안한 마이바흐 HL230 P30 V-12 가솔린엔진은 이미 티거 I에 사용되어 그 실용성이 충분히 검증된 상태였다. 57톤의 중(重)전차를 굴리는 엔진을 그때까지만 해도 40톤이 넘지 않을 것으로 예상되던 신형 전차에 장착하면 그 남아도는 힘으로 기동력과 속도가 훨씬 더 상승하지 않겠는가?

승부를 가른 두 번째 열쇠는 포탑으로, 거의 T-34를 그대로 베낀 흔적이 역력한 DB사의 신형 포탑은 아직 시제품조차 만들어지지 않은 '종이 위의 그림'인데 반해, MAN사가 채용한 라인메탈사의 포탑은 이미 개발이 끝나 시제품까지 만들어진 상태였다.

현실적인 조건들이 가리키는 건 MAN사의 설계안이었다. 결국 이런 조건을 종합해 보면 히틀러가 MAN사의 손을 들어준 배경은 순전히 '시간을 절약하기 위해서'라는 말로 압축할 수 있을 것이다. 이처럼 풍부한 상상력에 기반한 야심찬 아이디어가 시간이 갈수록 현실과 타협해 가면서 기대수준이 축소되는 경우는 대전 중·후반기 모든 독일 장비의 개발과정에서 흔히 찾아볼 수 있는 공통적인 현상이기도 하다.

그것을 강요하는 가장 큰 요인은 무엇보다 전선의 급박한 수요에 부응해야 한다는 압박, 즉 시간과의 싸움이라는 것은 두말할 필요가 없다.

표범의 탄생

히틀러의 결정으로부터 불과 10개월 후인 1942년 11월에 완성된 MAN사의 시제품 차량은 30톤급이라는 처음의 계획과는 달리 총중량이 45톤에 이르는, 당시의 기준으로 중(重)전차급의 대형 전차로 변해 있었다.

분노와 광기에 사로잡히지 않았을 때는 상당히 합리적이고 전문적인 식견을 바탕으로 개발계획의 디테일한 부분까지 관여하기를 즐기는 히틀러가 중량 대비 엔진출력에 상당한 여유가 있다는 사실을 지적하며 장갑과 화력의 강화를 명령했기 때문이다. '표범'이라는 이름도 그 무렵에 이미 결정된 것으로 추정되며, 이렇게 만들어진 시제차량 1호는 베를린 근교의 쿰머스도르프 병기시험소에서 테스트를 거쳐 일사천리로 공식 채용이 결정된다.

곧바로 양산 개시를 서둘렀지만 생산현장의 사정은 그리 호락호락하지 않았다. 그해 12월에 생산된 최초의 양산형 차체 몇 대는 경사장갑 제조의 경험 부족으로 인한 용접작업 불량품으로 밝혀지는 등 새로 배워야 할 과제가 만만치 않음을 여실히 보여주고 있었다. 전차를 만드는 한편으로 그 생산 작업을 위한 전용치구와 공구의 생산도 동시에 병행하는 과중한 업무를 분산시키기 위하여 곧 개발 당사자인 MAN사 이외에도 경쟁에서 탈락한 DB사를 비롯하여 반궤도식 장갑차로 유명한 하노마그와 티거 전차를 개발한 헨셀 등 여러 기업이 판터의 양산 작업에 동참하게 된다.

MAN사의 초기 생산목표는 월 250대였고, 곧 600대까지 상향조정된다. 하지만 결론부터 말하면 전쟁 전 기간을 통해 이 목표가 달성된 적은 한 번도 없다. Maschinenfabrik Augsburg-Nürnberg (마쉬넨파브릭 아우크스부르크-뉘른베르크)라는 회사의 이름에서도 알 수 있듯, 이 회사가 위치한 곳이 바로 독일 군수공업의 중심지인 동시에 영미 연합군이 밤낮으로 퍼부어대는 전략 폭격의 집중목표가 된 뉘른베르크였기 때문이다.

연합군의 폭격과 함께 판터의 생산효율을 적지 않게 방해한 또 다른 요소는 노동력이다. 티거 I 한 대의 생산비용이 약 250,800 라이히스마르크(RM)인데 비해서 판터는 그 비슷한 크기와 성능에도 불구하고 생산비용은 그 절반 이하인 117,110RM에 불과했다. 이 놀라운 가성비는 상당 부분 연합군 전쟁 포로와 점령지 노동자들의 강제노동에 의존한 결과였고, 이런 '공짜' 노동력에는 필연적으로 그만한 대가가 따랐다. 연합군의 폭격이 격화될수록, 그리고 전황이 기울어갈수록 점차 노골화되는 노동자들의 용의주도하고 악의적인 태업이 상당 부분 판터의 생산을 방해하는 효과를 발휘했던 것이다.

이런 난제들이 겹쳐진 결과 양산 개시 이듬해인 1943년에도 판터의 월평균 생산량은 138대였고, 가장 기록적인 생산량을 달성했던 1944년 7월에도 380대를 넘지 못했다. 1945년 종전 시까지 생산된 판터의 총 생산수량은 6,000대 정도로 알려져 있지만, 실제로 전선에서 가동되는 판터의 숫자는 최고조에 달했던 1944년 9월에도 2,300여 대에 불과했던 반면 그 한 달 동안 거의 700대의 손실을 기록하고 있다.

3박자의 균형, 그리고 그 함정

흔히 판터를 가리켜 '화력과 방어력, 기동력의 3박자가 조화를 이룬 제2차 세계대전 최고의 성공작'이라고 평가하지만, 이처럼 50%에도 훨씬 못 미치는 가동률을 보면 판터가 화려한 명성만큼 무적의 전차는 아니었음을 알 수 있다. 특히 신뢰성에 문제가 제기된 변속기와 구동장치는 전혀 개선이 이루어지지 않은 채 실전에 투입된 최초 양산형인 D형부터 최종 개량형인 G형에 이르기까지, 나아가 종전과 패망의 순간까지도 완전히 해결된 적이 없다. 판터의 기동력이 우수하다는 말은 바로 이 지점에서 무색해질 수밖에 없다.

최초의 설계안은 티거 I과 유사한 유성기어(Epicyclic Gear) 시스템이었으나, 양산 과정에서 시간과 재료의 절약을 위해 대폭 간략화되면서 발생한 문제였다. 만약 이 부분을 개선하는 데 시간을 쏟았더라면 아마도 6,000대라는 총 생산량이 크게 줄어들었을 것이 틀림없다. 따라서 이것은 단순한 실수나 기술부족이 아니라 당시 독일이란 나라가 처해 있던 총체적인 상황의 한계라고 보는 편이 옳을 것이다.

라인메탈사의 75mm 주포는 70구경장(L/70)의 긴 포신에서 나오는 빠른 탄속과 높은 관통력으로 동급의 모든 연합군 화포는 물론이고 티거 I의 88mm 주포보다 더 뛰어난 것이었지만, 결정적으로 총 휴대탄수가 79발에 불과하다는 약점을 안고 있었다.

방어력을 높이기 위한 경사장갑은 직각의 상자형 차체에 비해 필연적으로 차체 내부에 손이 닿지 않는 '죽은 공간'을 많이 만들어낸다. 훨씬 더 작은 차체를 가진 4호전차가 같은 75mm 전차포탄을 87발이나 탑재하는 것과 비교해보면 판터가 가진 뛰어난 화력의 이면에 도사리고 있는 또 다른 한계가 분명히 드러난다.

방어력의 측면을 살펴본다면 처음에 60mm로 계획된 전면장갑은 최종적으로 85mm까지 크게 증가하고, 80mm였던 포탑 전면의 주물제 주포방패는 100mm까지 두터워진다. 그 결과 소련군의 122mm A-19나 100mm BS-3와 같은 대구경포를 제외하고는 판터의 전면장갑을 관통할 수 있는 연합군의 화포는 거의 존재하지 않았다.

INSIGHT 02
판터의 주포 75mm KwK 42 L/70

제2차 세계대전 당시 독일을 대표하던 전차포가 2개 있는데, 하나가 88mm KwK 36이고, 나머지 하나가 바로 이 75mm 포이다. 88mm는 대공포로 개발된 것이 전차포로 발전한 경우라면, 75mm KwK 42는 처음부터 '전차포'로 사용하려고 만든 포였다.

75mm임에도 70구경장의 긴 포신을 달고 있었기에 빠른 탄속을 자랑하게 됐고, 근거리 교전에서는 88mm 56구경장인 티거의 주포보다 더 뛰어난 관통력을 자랑했다. Pzgr.39/40 철갑탄을 발사할 경우 1,000m에서 111mm 장갑판을 관통했고, 2,000m에서는 89mm 장갑판을 관통했다. 탄두에 텅스텐 탄심을 적용한 Pzgr.40/42 철갑탄의 경우에는 1,000m에서 149mm 장갑판을, 2,000m에서는 106mm 장갑판을 관통했다. 온갖 잔고장으로 혹평을 들어야 했던 판터 D형도 이 주포만은 인정을 받았다. 판터 전차의 정체성으로 불리기까지 한다.

이것만 보면 실로 무적의 방어력을 실현하였다고 할 만하지만, 모든 방어력을 장갑강판의 두께에 의존하는 대전기의 전차에서 이런 장갑의 강화는 곧장 중량 증가로 직결되고, 그렇지 않아도 시원찮은 구동장치에 상당한 스트레스를 가하여 기동력을 저하시키는 원인이 되었음은 두말할 필요가 없다.

하지만 이런 문제들이 판터가 당시 독일이 가진 기술과 자원의 한계 안에서 그 최대치를 끌어낸, 보기 드문 성공작인 것을 부정할 근거가 될 수는 없을 것이다. 판터는 T-34의 모방에서 시작되었지만 궁극적으로 그것을 훨씬 뛰어넘는 새로운 전형을 수립했다. 그 결과 전쟁 말기에 등장한 독일 최후인 동시에 최강의 전차라는 쾨니히스티거도 '티거 II'라는 이름과는 달리 공학적으로는 판터의 계보를 그대로 이어받은 존재라고 할 수 있다.

특히 개발 초기부터 그 어떤 무기보다 히틀러의 관심과 영향력이 깊이 작용한 판터는 실로 '히틀러의 전차'라 부르기에 부족함이 없을 것이다. 전황을 일시에 반전시킬 수 있는 '기적의 무기'라는 지나치게 큰 기대에 부응하지 못한 책임이 이 전차 자체의 문제에 있는 것이 아님은 두말할 필요가 없다. (HQ)

SPEC 판터의 제원

OUTSIDE of PANTHER
판터의 외관 및 제원

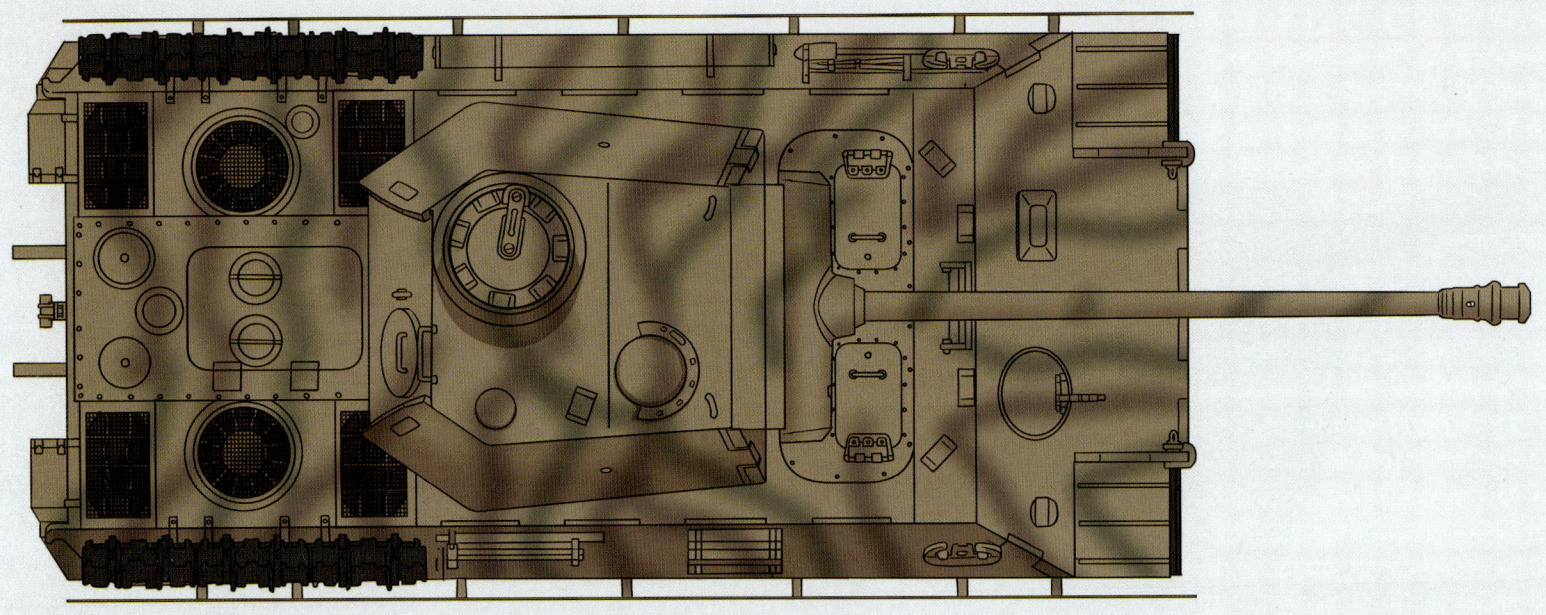

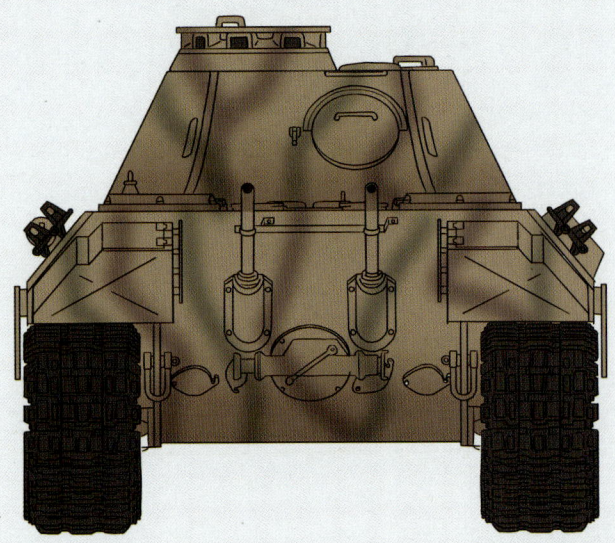

MILITARY MOOK   HEADQUARTER

형식명	Sd.Kfz.171 (특수목적차량 171호)
제작년도	1944년 3월~1945년 4월
제작 국가	나치 독일
디자인, 설계	MAN
제조사	MAN, 다임러 벤츠, MNH
투입된 전쟁	제2차 세계대전
구분	중형 전차
치수	전장 8.86m × 전폭 3.42m × 높이 3.10m
총 무게	45.5톤
중량 대비 전력비	13마력/톤
주 무장	75mm KwK 42 L/70, 81~85발
부 무장	7.92mm MG 34 기관총 2정, 4200~4800발
차체 장갑	전면 상단 80mm(55°), 전면 하단 60mm(55°), 측면 상단 50mm(30°), 측면 하단 40mm(0), 후면 40mm(30°), 천장 17mm
포탑 장갑	전면 110mm(11°), 포방패 100mm(곡면), 측면 45mm(25°), 후면 45mm(25°), 천장 16mm
큐폴라 장갑	측면 80mm, 천장 16mm
승무원	5인 (전차장, 포수, 무전수, 장전수, 조종수)
엔진	마이바흐(Maybach) HL 230 P30 V12 수랭식 엔진
변속기	ZF AK 7-200. 7 forward 1 reverse
연료량	730리터
현가장치	더블토션바
최대 주행속도	도로주행 시속 46km, 야지주행 시속 24km
기동 가능 거리	도로 200km, 야지 177km
생산 대수	약 6,000여 대
기타 장비	1944년 9월 이후 일부 G형 판터에 적외선 서치라이트 장치 (FG1250 Ziel und Kommandanten-Optic fuer Panther) 장착
특징	판터 G 후기형의 경우 곡면인 포방패 하단에 턱을 용접해 튕긴 포탄이 포탑과 차체의 장갑을 관통하는 일명 숏 트랩(Shot-Trap) 현상을 방지

INSIDE of PANTHER
판터의 단면도

①
표범의 이빨

75mm KwK 42 L/70. 구경장이 70인 75mm 전차포(KampfwagenKanone, 약칭 KwK)로 판터 전차에 기본 장착된 사양이다. 본래 히틀러는 구경장 100짜리를 바랐지만 생산 준비가 덜 된 탓에 이보다 짧은 70구경장 주포를 채택하게 됐다.

티거 I 에 장착된 88mm KwK 36 L/56 보다 관통력 면에선 앞선다는 평가를 받을 수 있었던 건 긴 포신에 의한 빠른 탄속의 실현이 가능했기 때문이다. 여기에 히틀러의 고집으로 두꺼워진 장갑만큼 늘어난 무게에 비교적 가벼운 주포가 결합되며 발사 시의 안정감을 높였다. 이 안정감이 곧 판터 전차의 특징으로 꼽히는 높은 명중률과 관통력을 가능케 한 원동력이다.

②
표범의 눈

판터는 첫 양산형 모델인 D형에서는 쌍안식 조준경인 TzF 12를 쓰다 단가 절약을 위해 A형과 G형에서는 단안식 조준경인 TzF 12a를 썼다. 칼 자이스 렌즈를 활용한 조준경은 연합군의 그것을 압도했다. 덕분에 종전 직후, 미국과 소련은 각자 칼 자이스 본사를 급습해 기술자와 장비들을 빼돌렸다. 판터 하면 생각나는 높은 원거리 격파율은 75mm KwK 42 L/70의 장포신과 판터의 무게, 그리고 고품질 렌즈를 쓴 성능 좋은 조준경, 이 삼박자가 어우러진 결과였다.

③
표범의 심장

2차 대전 중반 이후 독일군 야수 시리즈의 심장으로 낙점받은 건 마이바흐(Maybach) HL230 시리즈였다. HL230 엔진은 티거, 판터, 야크트판터, 쾨니히스티거, 야크트티거까지 독일 야수 시리즈를 움직였던 엔진이다. 강력한 출력과 상대적으로 작은 크기를 추구했기 때문에 엔진이 복잡해질 수밖에 없었고, 이는 필연적으로 많은 오류와 결함으로 이어졌다. 문제는 이런 오류를 극복할 시간도 없이 바로 실전에 투입됐다는 점이다. 판터에 탑재된 HL 230 P30 엔진의 경우는 실전경험을 통해 RPM을 줄이고 마력을 600으로 한정함으로써 문제를 최소화하려는 시도를 하게 됐고, 일정 부분 성과를 거두게 된다.

④
표범의 다리

판터에 채용된 로드휠(보기륜)은 이중으로 엇갈리듯 구성돼 있는 것이 특징이다. 당시 독일 전차들은 방어력을 높이기 위한 목적과 히틀러의 강력한 요구에 따라 장갑 두께를 대폭 늘렸고 중전차가 아닌 중형전차 판터의 무게도 대당 거의 45톤에 육박하는 무게를 자랑했다. 판터의 설계자들은 이 무게를 분산하기 위한 방편으로 이중 구조를 띤 보기륜을 설계했다. 하지만 이와 같은 구조는 예상과 달리 실용적이지만은 못했다. 특히 동부전선에서 바퀴 사이에 진흙이 엉겨붙는 데 혁혁한 공을 세우게 된다. 게다가 또 한 가지 문제점이 있었는데 교체가 매우 어려웠다는 데에 있다. 안쪽 바퀴에 문제가 생기면 결국 겉쪽 바퀴 둘을 함께 들어내야 했기 때문에 교체가 매우 어려웠다.

⑤
표범의 가죽

독일군은 T-34가 채용했던 경사장갑의 효용성을 인정하고 기존의 중형전차 제작 계획에 경사장갑을 전격적으로 채용하게 된다. 여기에 히틀러의 요구에 따라 포탑 전면장갑만큼은 100mm, 동체 전면장갑은 80mm 급을 채용함으로써 본래 계획이었던 30톤급을 훨씬 뛰어넘는 약 45톤이라는 중량을 얻게 된다. 이에 따라 판터는 무게를 줄여 기동성을 확보하기 위해 측면장갑을 희생하게 되었다. 40~50mm 가량으로 얇게 처리된 측면 장갑은 판터의 약점으로 꼽히게 된다. 하지만 전쟁 후반 수세에 몰린 독일 입장에서 판터는 전차 간 근거리 육박전이 아닌 원거리 매복과 명중률 높은 75mm 포를 바탕으로 한 방어전에 주로 쓰였기에 측면의 약점 때문에 연합국 전차들을 상대하기 어려웠던 건 아니었다. HQ

CHRONICLE 02 — 판터의 데뷔전

글. 채승병 × 그림. 박성규·유호선

판터와 티거의 행렬. 동부전선에서 독일군은 판처카일(PanzerKeil: 전차쐐기)을 짰는데, 선두에는 티거나 판터같이 장갑이 두터운 전차들이 섰고, 그 뒤를 4호전차처럼 상대적으로 장갑이 얇은 전차들이 쫓아갔다.

독일군의 주도권 회복을 위한 승부수, 성채 작전

1943년 초부터 독일군에게는 불길한 패배가 연이어 벌어졌다. 2월에 스탈린그라드에서 마지막 독일군이 항복하며 초유의 참패를 맛보았고, 3월부터는 루르 공업지대를 비롯해 독일 본토 산업시설을 겨냥한 영미 연합군의 전략폭격이 본격화되었다. 수세로 몰리는 상황을 반전시킬 기회를 마련하려면 독일 육군 대다수가 투입되어 있는 소련전선(동부전선)의 주도권 회복이 시급했다.

위기를 빠져나올 묘수를 고민하던 독일군 고급지휘관들에게 쿠르스크 일대의 돌출된 전선은 매우 성가신 존재였다. 3월 초가 되자 중부집단군 사령부의 주문으로 쿠르스크 돌출부 전선 전면을 담당한 제2기갑군 사령관 슈미트 상급대장은 중부 - 남부 양 집단군의 협공을 이용해 이를 제거할 작전을 구상한다. 독일 육군은 작전명령 제5호를 통해 이를 좀 더 구체적인 계획, 즉 '성채(Zitadelle)'란 이름을 붙인 작전안으로 발전시킨다.

남부집단군 사령관 폰 만슈타인 원수도 쿠르스크 돌출부를 제거하고 이곳에 포진한 소련군을 섬멸할 필요성에 공감하고 있었다. 양 집단군의 의견을 수렴한 히틀러는 4월 15일에 발령된 작전명령 제6호를 통해 '1943년 동부전선의 첫 대규모 공세는 거대한 협공으로 쿠르스크 돌출부 내의 소련군을 포위 섬멸하는 성채 작전으로 한다'는 결정을 내렸다.

성채 작전 승부의 기대주로 떠오른 판터

당초 성채 작전은 판터 배치와 무관하게 5월 3일에 개시될 예정이었다. 그러나 벨라루스 등 중부집단군 후방에서 파르티잔들이 대거 준동하면서 작전 준비가 엉망이 되었다. 소련군도 그 사이 쿠르스크 돌출부에 대한 방어를 강화했다. 이러다 보니 독일군 측에서는 막 생산이 궤도에 오른 판터, 페르디난트 등의 최신예 병기를 대거 투입해 질적 우위로 소련군의 수적 우위를 압도하자는 칼 자우어(군수장관 슈페어의 부관)의 주장이 힘을 얻게 되었다. 이에 히틀러는 새로 생산된 판터 200대의 실전 투입 준비를 최대한 빨리 완료하여 기갑 펀치를 강화하고, 작전은 6월 12일에 개시하라는 명령을 5월 4일에 공식적으로 내리게 된다. 하지만 판터의 준비는 곳곳에서 삐걱거리고 있었다.

촉박한 일정 속의 예고된 재앙 — 쿠르스크 전투

기대와 달리 쿠르스크 전투에서 판터 D형은 기록적인 비전투손실을 보여줬다. 전장에 이송된 지 6일 만에 실전에 투입될 정도로 급박하게 진행된 터라 승무원들의 훈련 상태도 부족했다. 예고된 비극인 셈이다.

첫 판터 부대 제51, 52전차대대의 편성

독일군은 1942년 12월부터 판터의 첫 장비부대로 제51, 52전차대대 편성 작업에 착수했다. 먼저 1943년 1월 13일에 제33전차연대(원래는 제9기갑사단 소속) 2대대를 근간으로 제51전차대대가 편성되었다. 이어 3월 15일에는 제15전차연대(원래 제11기갑사단 소속) 1대대를 근간으로 제52전차대대가 편성되었다. 또한 4월에는 제39전차연대(원래 제17기갑사단 소속) 사령부가 전속되고, 연대장에 대전 초부터 맹활약해온 마인라트 폰 라우헤어트 소령이 부임하며 이들 두 대대를 통합 지휘하게 된다.

그러나 판터 생산에 차질이 빚어지면서 가장 중요한 차량 수령이 계속 지연되었다. 1943년 2월까지 초기물량 16대가 인도되었으나, 제51전차대대가 시험운용을 해본 결과 연료탱크, 연료펌프, 종감속기, 변속기, 토션바, 환기장치 등등 곳곳에 문제가 있음을 발견했다. 결국 독일 육군은 MAN, 다임러 벤츠, MNH, 헨셀 4개 회사가 거의 기존 설계대로 생산은 계속하되, 출고된 전차를 데마크(DEMAG)사가 팔켄제의 철도정비창을 개조한 수리공장으로 보내 대대적인 정비를 거치고 두 일선대대에 지급한다는 임시 처방을 내린다.

이로 인해 실차 인도는 더욱 지연되었다. 1943년 5월 말까지 겨우 124대가 재정비를 마쳤고, 200대 완편 차량(대대당 96대 + 연대본부 8대)을 전부 수령한 것은 6월 말[1]이 되어서였다. 결국 제39전차연대는 중대급 소규모 전술훈련 이외에는 제대로 된 훈련도 못 해보고 서둘러 전장으로 출전하게 된다.

꼬여가는 판터 부대 지휘의 난맥상

기갑부대 지휘관들이 생각하는 이상적인 판터의 운용은 이런 그림이었다 — 소련의 광활한 평원 위에서 소련군 전차부대가 반격해 들어오면, 대규모 대형을 이룬 판터가 장포신 75mm 70구경장 전차포의 막강 화력으로 2,000~3,000m 밖에서부터 T-34들을 차례로 저격하여 접근할 틈도 없이 분쇄한다! 이를 위해 제4기갑군 사령관 호트 상급대장은 판터 200대 전체를 예하 기갑부대 중에서도 가장 전력이 막강한 대독일(Großdeutschland, 약칭 "GD") 기갑척탄병사단(7월 1일자로 티거 15대 포함 전차 및 돌격포 164대 보유) 전선에 집중할 것을 결정한다.

거기에 독일 기갑병과를 총괄하는 기갑총감 구데리안 상급대장은 제39전차연대와 대독일전차연대를 통합 지휘한다는 명분으로 옥상옥까지 추가한다. 작전이 임박한 6월 27일에 칼 데커 대령을 사령관으로 하는 제10기갑여단 사령부(원래 제8기갑사단의 제10전차연대 사령부)를 급조하여 전선으로 보낸 것이다. 이 때문에 작전 지휘체계는 '제4기갑군 → 제48기갑군단 → 대독일사단 → 제10기갑여단 → 제39전차연대 및 대독일전차연대'로 한층 더 복잡해졌다.

문제는 이런 막대한 전차 전력의 운용을 두고도 지휘관 사이에 손발을 맞출 기회가 전혀 없었다는 점이다. 제51전차대대는 7월 1일 보고두호프(Богодухов)에, 제52전차대대는 7월 3일에야 오드노로봅카(Одноробовка)에 도착했다. 이들은 도착 즉시 보리숩카(Борисовка)의 1차 집결지까지 각각 70km, 35km를 황급히 행군해야 했다. 초기형 판터는 아직도 해결되지 못한 설계 결함이 많아 그 짧은 행군에도 벌써 16대가 탈락할 정도였다. 7월 4일 작전 개시 전날에야 겨우 집결지에 도착한 폰 라우헤어트는 대독일사단 지휘부와 상견례하며 협동작전을 상의할 기회도 전혀 없었고, 심지어 작전구역에 대한 상세 지형도와 대독일사단 예하 부대들과의 무선통신 주파수마저 공유받지 못했다. 제10기갑여단은 여단장 데커 대령과 극소수 인원만 도착하고, 다른 사령부 간부들은 아예 7월 11일까지 도착하지 못해 원활한 지휘가 어려웠다.

이런 부조화는 대독일사단의 텃세로 더욱 심각해진다. 당시 대독일전차연대 지휘관은 '판처그라프(전차 백작)'란 별명으로 유명한 히아친트 슈트라흐비츠 백작이었다. 전차전의 백전노장인 슈트라흐비츠(1893년생) 대령은 자신보다 후배인 칼 데커(1897년생) 대령과 폰 라우헤어트(1905년생) 소령의 간섭을 받는 걸 몹시 언짢아했다. 그는 대독일사단과의 협력에 어려움을 겪는 폰 라우헤어트를 도와주기는커녕 방치하기 일쑤였고, 데커는 슈트라흐비츠가 지휘체계상 상급부대 지휘관이었음에도 노골적으로 보고를 건너뛰는 등 무시로 일관했다.

D+0
1943.7.5.

시작부터 진흙밭에 빠져버린 판터

작전 개시 당일인 5일, 대독일사단은 예하 기계화보병부대인 기갑수발총병(Panzer-Füsilier) 연대와 기갑척탄병(Panzer-Grenadier) 연대를 좌·우익에 내세우고, 제39전차연대(좌익)와 대독일전차연대(우익)가 각각을 지원하며 진격, 소련군 방어선을 돌파한다는 계획을 갖고 있었다.

그러나 05시[2]부터 공격을 전개한 대독일사단 보병들은 예기치 않은 장애물을 만나 아침부터 곤경에 빠져들었다. 공격 정면 바로 북쪽에는 이 지역 곳곳에 산재한 '발카(балка, 야트막하게 꺼진 협곡지형)'가 하나 있었는데, 진격을 개시해보니 어느새 소련군이 밑바닥 물길을 막아 최대 폭 10m에 가까운 수로가 만들어져 있었고, 접근로 곳곳에는 철조망과 대전차지뢰가 촘촘히 깔려 있었다. 거기에 전날 내린 폭우로 인해 일대가 온통 무릎 진흙밭으로 변해 있었다.

제10기갑여단과의 상의도 없이 대독일사단 작전참모의 출격 명령을 받은 제39전차연대는 08시경에 집결지를 출발하여 9km를 2열 종대로 행군해 전선에 도착했다. 그 짧은 행군에도 또다시 6대의 판터가 고장나서 낙오되었다. 선두에 서서 먼저 도착한 제51전차대대 1, 2중대는 판터 전차의 험지 돌파능력을 과신하고 강행돌파를 시도했다. 하지만 진흙밭이 판터의 발목을 잡았다. 판터의 중첩 로드휠 구조는 원래 진흙이 잘 엉기는데다, 초기형 판터는 부족한 엔진 출력에 변속기 기어비도 잘못 설계되다 보니 구동계 곳곳에 더욱 무리가 가고 고장이 속출했던 것이다.

공병이 개척해 놓은 좁은 통로를 선두 전차들이 막자, 후속하던 4중대는 다른 우회로를 찾으려 했다. 하지만 이번에는 곳곳에 묻힌 대전차지뢰를 밟으면서 4중대 소속 판터들도 꼼짝 못하는 지경이 되었다. 상황 전파가 제대로 안 된 제52전차대대까지 진흙밭으로 진입하면서 연대 전체가 오도 가도 못하게 되었다.

저녁이 되어서야 2개 중대(30여 대) 규모의 판터가 겨우 북안으로 진출해 공격에 가담했지만, 이미 100대가 넘는 판터는 진흙밭 여기저기에서 멈춰서고 말았다.

1
제51전차대대는 6월 24~25일에, 제52전차대대 및 제39전차연대 본부소대는 6월 28~29일에 마지막 완편 차량을 수령하자마자 동부전선으로 향하는 화차에 적재를 하고 이동을 개시했다.

2
여기 나오는 시간은 모두 독일군이 이용한 베를린(중유럽) 표준시(UTC+1) 기준이다. 소련 측 문헌은 반대로 모스크바 표준시(UTC+3)를 기준으로 표기하여, 2시간씩 차이가 난다.

QR코드를 스캔해 작가의 그림을 고해상도 이미지로 만나보세요! 단, 개인적 목적의 이용만 허용합니다.

D+1
1943.7.6.

노출된 좌측면으로 연거푸 가해지는 잽

대독일사단과 제11기갑사단은 5일 밤에 체르카스코예(Черкасское)를 점령하면서 소련군 제1방어선을 돌파했다. 첫날의 고전에 놀란 제48기갑군단은 소련군이 견고한 방어선을 구축한 페나(Пена) 강을 우회하기로 하고, 진격 방향을 동북동으로 틀어 루하니노(Луханино)~시르체브(Сырцев) 남쪽으로 우회하여 소련군 제2방어선을 돌파하고자 했다. 하지만 이날 아침까지 전열에 복귀한 판터는 80여 대에 불과했다. 제39전차연대의 공격 준비가 지체되자 슈트라흐비츠가 이끄는 대독일전차연대와 지원 부대, 그리고 우익의 제11기갑사단은 10시 30분에 먼저 진격을 시작했다. 폰 라우헤어트와 예하 판터 지휘관들은 명확한 공격목표도 전달받지 못한 채, 앞서 출발한 대독일사단의 왼쪽 어깨를 따라 뒤쫓아갈 수밖에 없었다. 결국 제39전차연대는 대독일사단 보병과 전투공병의 지원 없이 단독으로 좌측면을 노출한 채 진격하게 되었다.

이는 치명적인 결과로 이어진다. 독일군 진격방향 좌측면의 너른 초원과 관목들 사이사이에는 소련군 제6근위군 직할 전차, 자주포, 대전차포 부대들이 진지를 구축하고 잘 위장한 채 숨어 있었다. 진격하던 판터가 군데군데 깔린 대전차지뢰를 밟아 취약한 측면을 드러낸 채 멈춰서면, 약 1km 밖에 숨어 있던 T-34, SU-76, ZiS-3 사단포 등이 맹렬하게 76mm 포 사격을 퍼부어댔다. 정면이라면 76mm 포탄쯤이야 간단히 튕겨냈겠지만, 장갑이 얇은 측면 공격에는 판터도 속수무책이었다. 이 과정에서만 독일군은 19대의 판터를 잃었다.

3 제6근위군 직할부대인 제245독립전차연대(미국제 M3 스튜어트 경전차, M3 중형전차 장비), 제1440자주포연대(SU-122, SU-76 장비), 제1937대전차포연대 등이 대독일사단을 상대로 지연전을 펼쳤다.

쿠르스크 전투에 참여한 독일군의 야수 시리즈. 판터, 티거, 페르디난트의 모습. 페르디난트에 장착된 88mm 71구경장 포는 야크트판터에도 장착된다. 물론 페르디난트는 전량 중부집단군 구역에 배치되어, 실제로는 이처럼 세 차종이 조우할 일은 없었다.

D+2
1943. 7. 7.

소련군 제2방어선 돌파를 위한 혼전

작전 3일차인 7일 새벽, 전투에 투입 가능한 판터는 43대로, 벌써 완편의 1/4도 채 안 되는 수준으로 떨어졌다. 대독일사단은 결국 이들 판터와 30여 대의 4호전차 등 남은 전차 전력의 지휘권 전체를 슈트라흐비츠에게 몰아준다.

그러나 이날 오전에도 슈트라흐비츠 전투단의 전차들은 곳곳에 깔린 지뢰밭에 막히고, 소련군 지상공격기의 파상공격으로 진격 속도를 낼 수 없었다. 대독일사단은 오후가 되어서야 겨우 시르체보를 함락하고, 소련군의 제2방어선 끝자락인 북쪽의 시르체보(Сырцево)~그레무치(Гремучий) 목전까지 진출하는 데 성공했다. 소련군도 제49전차여단을 반격에 투입하고, 제6전차군단도 이동시켜 제112전차여단을 필두로 역습을 펼치기 시작했다. 이날 난타전으로 독일군은 판터 총 27대 가량을 상실했다.

D+3
1943. 7. 8.

소련군 제2방어선의 돌파와 적 전차부대의 역습

작전 4일차인 8일 아침이 되자 전투에 투입 가능한 판터는 단 20여 대밖에 남지 않았다. 그래도 폰 슈트라흐비츠는 판터 포함 40여 대 남짓한 전차 전력을 집중하고, 우측익을 따라잡은 제11기갑사단의 엄호 속에 아침부터 소련군 제3기계화군단 잔존 병력을 밀어붙였다. 이 일대는 소련군이 가장 공을 들여 촘촘하게 지뢰를 매설한 제2방어선의 거의 끝자락이었다.

이곳을 돌파하자 지뢰의 밀도는 현저히 줄어들었고, 지형도 한층 탁 트여서 점차 독일군이 원하던 장거리 전차전에 이상적인 전장이 되어갔다. 이에 따라 소련군 제3기계화군단은 전력이 크게 약화되었다. 제1, 3기계화여단과 제112전차여단은 모두 페나강 서안으로 퇴각했고, 제6전차군단의 또 다른 부대인 제200전차여단도 큰 손실을 입었다.

D+4
1943. 7. 9.

쿠르스크를 향한 길이 드디어 열렸으나…

대독일사단과 제11기갑사단은 오보얀과 쿠르스크를 향한 진격로를 열기 위해 베르호프녜(Верхопенье) 동쪽에서 다시 한 번 전력을 모아 북쪽 방향으로 공격을 퍼부었다. 이날 제8항공군단의 슈투카들이 대거 지원에 나서면서 독일군은 부족한 전차 전력으로도 제1전차군의 방어를 격퇴하고 바짝 밀어붙일 수 있었다. 이른 오후까지 독일군은 5km 가량을 전진해 노보셀롭카(Новоселовка)를 장악했으며, 오보얀을 약 22km 남겨둔 지점에 도달했다.

그러나 슈트라흐비츠 전투단의 기동 가능한 전차는 티거 3대, 판터 16대 등 총 36대에 불과했다. 반면 북쪽을 가로막고 있던 소련군 제1전차군은 전선군 예비부대인 제5근위전차군단까지 증원되어 200대 이상의 T-34가 남아 있었다. 더 큰 문제는 좌측면의 페나강을 따라 시르체보와 베르호프녜 등에 소련군의 방어가 여전히 견고했다는 점이었다. 결국 제48기갑군단은 이날 14시 50분 대독일사단에게 북진을 중지하고 시르체보~베르호프녜 후방으로 진출해 소련군 제6전차군단을 포위하도록 명령한다.

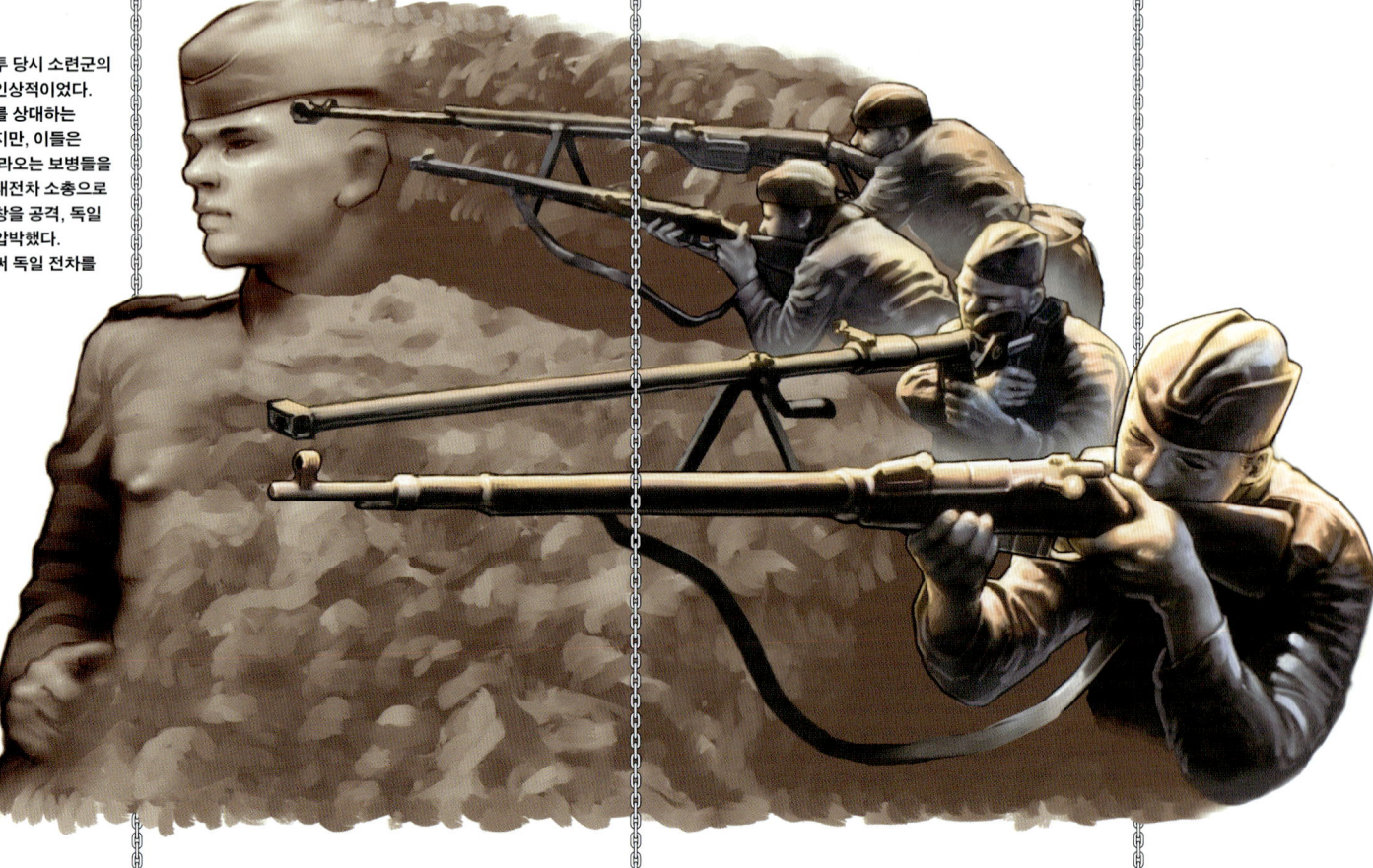

쿠르스크 전투 당시 소련군의 방어진지는 인상적이었다. 보병이 탱크를 상대하는 것처럼 보이지만, 이들은 탱크 뒤를 따라오는 보병들을 견제하거나 대전차 소총으로 전차의 관측창을 공격, 독일 전차병들을 압박했다. 이들은 피로써 독일 전차를 막아냈다.

D+5
1943. 7. 10.
무의미한 소탕전과 원점으로의 철수

10일 이후 소련군의 반격은 더욱 거세졌다. 10일에는 소련군 제6, 10전차군단이 03시 30분부터 전차를 앞세워 반격해 오며 슈트라흐비츠 본인도 부상을 입어 후송되고 말았다. 11일에 대독일사단과 제3기갑사단의 협공으로 베르호프녜 후방의 소련군을 거듭 압박했으나 완전한 포위 섬멸에는 실패했다. 이 기간에 전투손실과 기계고장도 계속되어 일선에서 작전 가능한 판터는 10~20여 대에 불과했다. 그나마도 12일에는 판터의 KwK 42용 75mm 포탄 재고가 거의 떨어져, 제39기갑연대 잔존 판터는 전부 후방으로 철수하게 되었다. 이 시점까지 판터는 완파당한 차량이 25대, 수리 중인 차량이 148대였고, 작전 가능한 차량은 25대에 불과했다. 이 사이 소련군이 스텝전선군 휘하 전략예비부대였던 제5근위전차군 전력을 제2SS기갑군단의 3개 사단에 집결해 대대적인 반격전을 펼치며, 이로 인해 7월 12일 사상 최대의 전차전으로 꼽히는 프로호롭카 전투가 벌어지게 된다.

제39전차연대는 마지막으로 14일에 판터 36대로 기동 가능한 차량 수를 끌어올려 베르호프녜 북쪽의 소련군 제186전차여단의 공격을 방어하고 반격에 나선다. 여기서는 원거리 저격에 유리한 판터의 장점을 최대로 살려 판터 6대, 4호전차 3대만을 상실한 채 T-34 28대를 격파하는 데 성공했으나 이미 전세에는 영향을 줄 수 없었다. 바로 다음날 15일에 성채 작전이 취소되면서, 대독일사단은 중부집단군 구역으로 이동하게 되었고, 제39전차연대도 별 소득 없이 퇴각길에 올랐다. 23일에는 최종적으로 남은 판터 전부가 제52전차대대에게 인계되었고, 빈털터리가 된 제51전차대대는 브랸스크에서 다시 판터 신차 96대를 수령하고 대독일사단과 함께 중부집단군으로 이동한다. 이로써 판터의 데뷔전은 완전히 끝을 맺게 되었다.

판터의 쿠르스크 전투 손익계산서

첫 실전무대였던 쿠르스크 전투에서 판터는 기대에 한참 못 미치는 활약을 했다. 쿠르스크 전투 개시 보름 후인 7월 20일에 집계한 바에 따르면 제39전차연대에는 작전 가능한 판터 41대가 남았고, 총 58대의 판터가 완전손실 처리되었다. 이 중 49대는 소련군이 노획하지 못하게 확실하게 자폭처리까지 시킨 차량이었으며, 2대는 행군 중 엔진 화재로 전소된 차량이었다. 나머지 101대 중 85대는 연대 수리반이 계속 수리를 했고, 16대는 파손 상태가 심해 독일 공장으로 후송 조치되었다. 크고 작은 손실이 무려 80%에 육박하는 수준이었던 셈이다.

반대로 판터가 격파한 소련군 전차는 총 몇 대였을까? 전투가 끝난 뒤, 폰 라우헤어트와 데커는 7월 5~14일 열흘 동안 적 전차 263대를 격파했다고 보고했다. 그러나 오늘날 전사 연구자들은 이 숫자가 과장된 것으로 보고 있다. 첫 사흘 동안에 어이없는 손실이 집중되면서 판터의 가동률은 급락했다. 특히 초반에는 잘 은폐된 소련군 전차들을 주로 상대하는 통에 정확한 명중 및 격파 여부도 확인하기 어려웠다. 전투 후반 본격적인 실력을 발휘할 즈음에는, 이미 작전 가능한 판터 자체가 소수여서 충분한 전과를 올리기도 어려웠다. 이를 감안하면 판터가 실제 격파한 소련군 전차는 보고된 바의 절반 정도인 150대 정도, 최대한으로 잡아도 200대는 넘지 않았을 것으로 추정된다. 판터와 T-34의 압도적인 성능과 가격 차이를 생각하면, 판터의 섣부른 쿠르스크 전투 투입은 대실패였다고 평가해도 무방할 것이다.

판터의 데뷔전이 졸전으로 끝난 원인

판터가 이런 초라한 전적을 거둔 원인으로는, 흔히 판터 초기형(D형)의 설계 미스와 기계적 결함이 지목되곤 한다. 그러나 판터가 드러낸 결함은 신무기라면 필연적으로 가질 수밖에 없는 초기 결함들이었다. 판터의 불운은, 독일의 운명을 건 성채 작전의 일정에 맞추다 보니 이 모든 결함을 인지하고 있었음에도 불구하고 억지로 투입되었다는 점에 있다. 이는 기계적인 측면뿐 아니라 운용하는 인적 자원 측면에서도 두드러지게 나타났다. 전술훈련은 부족했고, 지휘체계는 단단히 꼬였으며, 지휘관 및 부대 사이의 알력과 텃세까지 겹쳐 병과 간의 유기적인 협동은 거의 이뤄지지 못했다.

운용의 묘라도 살렸으면 상황은 조금 나아졌을지 모른다. 제4기갑군 사령관 호트는 판터의 위력과 집중운용의 이점에 경도되어 200대의 판터 전체를 대독일사단에 밀어주는 실책을 저질렀다. 그 대신에 작전 초기 공군 제8항공군단의 항공지원은 제2SS기갑군단에 거의 몰아주고 말았다. 결과적으로 판터들은 전차전에 부적합한 제1방어선을 돌파(작전 1~2일차)하는 단계부터 비효율적인 정면 돌파 및 화력지원 임무에 동원되어 제대로 싸워보지도 못하고 지뢰밭에서 대부분 주저앉았고, 소련군의 제2방어선을 돌파할 때(작전 3~5일차) 즈음에는 이미 전력 소모가 너무 커서 더 이상의 충격력을 발휘하기가 불가능해졌다.

반면 제2SS기갑군단은 강력하고 유연한 항공 및 포병 지원을 받아 기갑전력의 소모를 줄이면서 소련군 제1, 2방어선을 연거푸 돌파했고, 결과적으로 작전 7~8일차(7월 11~12일)에 벌어진 세기의 프로호롭카 전차전까지도 우세한 전술적 승리를 이끌어낼 수 있었다. 일선 지휘관들이 요청했던 대로 판터를 제48기갑군단과 제2SS기갑군단에 1개 대대씩 분배하고 항공 및 포병 등 화력지원도 균형적으로 펼쳤다면, 판터 대대들은 강점(우수한 장거리 화력과 정면 방어력)을 발휘하기 유리한 전장으로 진출하여 훨씬 큰 전과를 거뒀을 가능성이 높다.

결국 쿠르스크 전투에서 독일군은 제대로만 운용했으면 훨씬 나은 결과를 낼 수 있었던 비장의 신무기 판터를 너무나 어이없이 소모해버렸다. 이후 독일군의 기갑부대들은 동부전선 중·남부와 시칠리아에서 대규모 반격전에 돌입한 연합군을 막아내느라 여기저기 흩어졌다. 판터 또한 제2차 세계대전 초~중기 독일 기갑부대가 펼친 화려한 기동전의 영광을 되살릴 창날의 역할보다는, 붕괴된 전선 곳곳에서 적의 창날을 튕겨내는 방패의 역할을 더 많이 하게 되었다. HQ

ARTICLE 01 베르게판터

글. 정경찬 × 그림. 유호선

수십 톤이 넘어가는 전차를 견인하는 건 보통 일이 아니다. 전차를 견인하기 위한 전차를 만든다는 건 어쩌면 당연한 일인지도 모른다.

5호전차 판터와 6호전차 티거는 상상 이상으로 강력한 소련 전차들을 상대하기 위해 돌아올 수 없는 강을 건너야 했다. 동부전선에 뛰어들기 이전의 독일군은 30~36톤급 전차를 연구하고 있었지만, 일선의 요구에 따라 강력한 장갑과 포를 추가한 결과 전투중량 45~57톤급의 거체가 되고 말았다. 1940년 이전의 과거라면 도로와 교량, 야지의 지반, 혹은 독일군의 공병 장비가 감당할 수 없다며 금기시되었을 중량이다. 하지만 당장 눈앞에 등장한 괴물을 상대하려면 다른 방법이 없었다.

예상보다 체급을 키운 5호·6호전차는 기대보다 뛰어난 야지 기동 성능을 보여주었다. 하지만 한편으로는 짧은 항속거리, 중량을 감당하지 못한 변속기, 현수장치, 궤도의 잦은 고장, 그리고 지반침하나 도로, 교량의 붕괴로 인한 주행 불능 등 다양한 문제로 여기저기서 주저앉았다.

그렇게 주저앉은 집채만한 쇳덩이를 만드는 데는 17만 라이히스마르크[1] 이상의 비용과 막대한 시간, 노동력이 들어간다. 후방으로 보내 고쳐 쓸 수 있다면 한 대의 전차가 아쉬운 독일국방군의 입장에서는 많은 자원을 절약할 수 있었다. 게다가 멈춰버린 전차는 기동로를 틀어막는 장애물이 되는 경우도 많았다. 그래서 전차대대나 전투단의 부대기동쯤 되면 부대가 기동할 때마다 꼭 한두 대는 주저앉으며 아군 전차들의 발목을 잡았다.

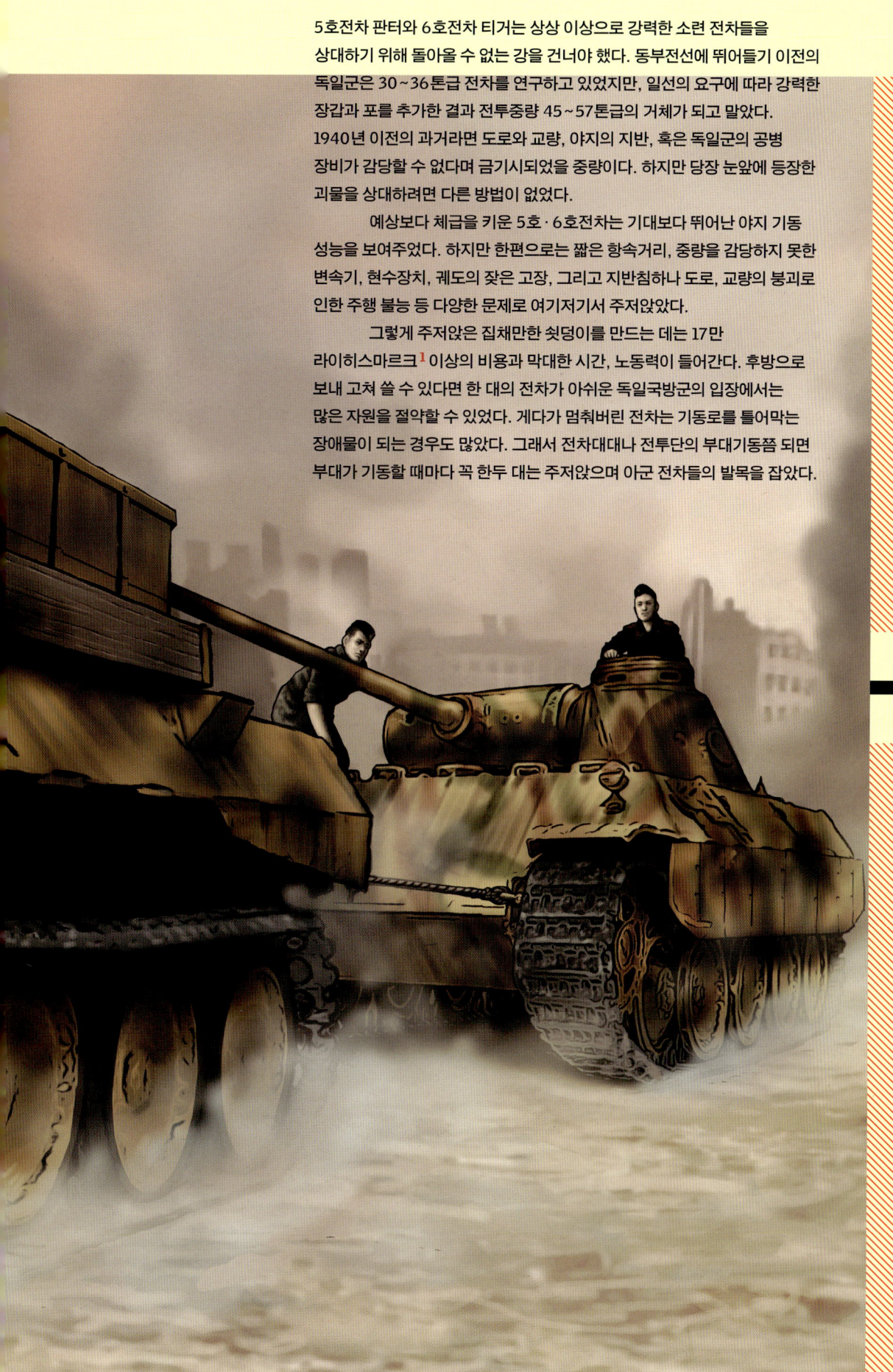

구난전차의 원형

베르게판터: bergepanther

전차회수차의 필요성 대두, 베르게판터의 탄생

문제는 40톤을 가볍게 초과하는 거체를 옮길 방도가 마땅치 않았다는 점이다. 현장에서 가장 간편하게 떠올릴 수 있는 수단은 아군의 동급 전차가 멈춰선 전차를 끌어당기거나 밀어내는 것이지만, 이미 과체중 상태인 5호·6호전차가 같은 중량의 물체를 무리하게 움직이려 한다면, 멀쩡한 전차의 동력계까지 망가지기 십상이라 결국 규정을 통해 금지되었다. 물론 금지되었다는 것은 실행할 때 처벌을 감수해야 한다는 의미일 뿐이므로, 다른 방법이 없을 때는 언제나 마지막 선택지가 되었다.

현장의 차선책은 정비대대에 배속되는 18톤급 하프트랙인 Sd.Kfz.9를 여러 대 동원하는 것이었다. 주저앉은 3호, 4호전차의 친구였던 Sd.Kfz.9는 정비대의 주력 차량으로 2,500대 이상이 생산되었으며, 2~4대가 힘을 모으면 57톤의 티거 전차도 끌 수 있었다. 하지만 티거도 끌 수 있다는 것은 이상적 상황에 한정된다.

단순히 엔진 다운이나 화재 등으로 클러치가 분리된 자유 견인 상태의 전차가 평지에 세워져 있다면 2대로도 여유롭게 견인이 가능하지만, 전차의 구동계나 동륜이 손상을 입고 고착되거나, 차가 뻘밭과 같은 부정지에 주저앉아 있다면 4대가 나서도 무리인 경우가 많았다. 게다가 여러 대의 하프트랙을 동원할 경우, 설계 중량 이상의 힘이 가해진 프레임이 휘어버리는 경우도 적지 않았다. 결국 아군 전차나 하프트랙으로는 손을 쓸 수 없는 상태의 5호·6호전차들은 포기할 수밖에 없었다. 전차 부족에 시달리던 독일군의 입장에서는 피눈물을 흘릴 만한 손해였다.

대형전차가 본격적으로 배치되면 구난 문제가 발생할 것임을 사전에 인지한 하인츠 구데리안은 기갑총감에 임명된 1943년 3월, 다리가 부실한 아들들을 위해 '전차회수차(Panzer-Bergegerät, 판처-베르게게렛)'의 개발과 생산을 지시했다. 이 전차회수차는 중장비 구난을 위해 구난 대상 전차와 동급의 차대를 사용하며, 전차도 견인 가능한 윈치와 정지견인용 스페이드, 정비용 크레인, 그밖에 각종 구난장비와 자위용 20mm 기관포를 갖춰야 했다.

구데리안은 신형 전차의 차대 가운데 4%를 전차회수차 생산용으로 차출하기를 원했지만, 상부의 압력과 일선의 요구로 인해 모든 차대가 전차용으로 차출된 데다 6호전차의 차대가 출력에 비해 지나치게 무거워 동급 전차 견인에 부적절하다는 의견이 나와 즉시 이행되지는 않았다. 하지만 4월이 지나면서 선행 생산된 신형 전차들의 문제점이 분명해지자 모든 관련자가 전차회수차의 필요성을 절감하게 되었고, 결국 5월 7일에 5호전차 판터 기반의 전차회수차인 베르게판처바겐 판터(Bergepanzerwagen Panther), 약칭 베르게판터(Bergepanther)의 발주가 이뤄졌다. 개발과 생산은 만(이하 'MAN')이 담당했다.

---

1. 라이히스마르크(Reichsmark, RM): 1924~1948년 6월 20일까지 쓰인 독일 통화.
2. Ausf: 아우스퓌룽(Ausführung)의 준말로 형식, 버전을 뜻하는 독일어.

구난전차가 없는 경우 전차가 전차를 견인하는 게 그나마 가장 나은 선택지다.

다급한 투입, 하지만 일선에서 환영받은 구난전차

MAN은 극히 짧은 기간 내에 쓸 만한 구난전차를 제작해야 하는 과제에 직면했다. 5호전차는 650마력급 고출력 엔진과 광폭 궤도를 장착했으며, 차체 역시 6호전차에 비해 가벼워서 저단 기어로 느리게 움직인다면 정지 상태의 6호전차도 견인할 수 있었다. 또 장갑이 영 부실했던 Sd.Kfz.9와 달리, 중전차의 차체와 동등한 장갑을 갖춰서 소화기탄과 파편이 날아다니는 전장에서도 어느 정도 활동이 가능했다.

문제는 차체에 장착할 윈치였다. 국방군은 제한된 공간에서 5호, 6호전차를 윈치로 견인하기 위해 40톤에 달하는 리와인드 중량과 고정 상태에서 120톤의 견인중량을 지탱할 수 있는 성능을 요구했다. 이와 같은 고중량용 윈치는 고정된 산업시설이나 크레인에 설치되는 장비로, 충분한 성능과 내구성을 위해 매우 복잡한 기계적 설계과정이 필요하다. 당연히 불과 몇 달 만에 등장할 수 있는 물건이 아니다.

의도하지는 않았지만, 다행히도 MAN의 창고 구석에는 1941년에 개발이 중단되어 먼지를 뒤집어쓰고 있는 슈페치알-피오니어파르초이크(Spezial-Pionierfahrzeug)라는 차륜형 수륙양용 공병차량과 전용 기계식 윈치가 있었다. 그리고 이 윈치는 약간의 개량만으로 국방군의 요구를 맞출 수 있는 고성능 장비였다. MAN은 판터의 차체에서 포탑을 넣는 대신, 포탑링 하부의 차체 바닥에 윈치를 설치하는 형태로 베르게판터의 설계를 진행했다. 윈치는 독립 클러치와 기어박스를 통해 후방의 엔진에서 전방의 변속기로 이어지는 동력 샤프트에서 작동에 필요한 힘을 공급받았다. 차체 외부에는 정지 상태에서 차체를 지탱할 수 있도록 대형 가동식 스페이드가 설치되고, 가설 의자와 각종 정비 및 견인도구를 적재할 목재 바스켓과 엔진 등의 무거운 부품을 들어올리기 위한 조립식 크레인 등이 설치되었다.

하지만 치타델레(Zitadelle, 성채) 작전을 앞둔 국방군은 수개월의 개발기간조차 기다릴 수 없었고, 윈치를 포함해 몇 가지 구성요소가 생략된 '만들다 만' 선행 양산형 베르게판터 12대가 6월 중 동부전선으로 급파되어 페르디난트 구축전차나 판터의 지원용으로 투입되었다. 그동안 MAN은 40톤급 윈치와 150m급 견인 케이블을 포함한 핵심 구난장비의 실험을 마쳤고, 국방군은 즉시 70대를 발주했다.

초기 생산을 담당한 MAN과 헨셸은 1943년 6월부터 연말까지 총 70대의 베르게판터를 생산했다. 이후 헨셸을 대신해 다임러가 생산계약을 인수, 이듬해 3월까지 40여 대를 더 생산했다. 다만 이 시기에 개발된 베르게판터 Ausf.D [2] 는 이름 그대로 판터 Ausf.D의 차대를 바탕으로 개발된 파생형이어서, 초기 생산형 판터 특유의 동력 계통 트러블과 불이 나기 쉬운 엔진의 카뷰레터와 같은 구성요소들을 그대로 안고 있었다. 당연히 베르게판터 역시 화재로 인한 비전투손실을 겪었다.

하지만 5호·6호전차 같은 덩치들을 '규정대로' 구난할 수 있는 베르게판터는 일선 부대의 환영을 받을 수 없었다. 윈치와 크레인을 장비한 베르게판터는 전차의 구난 외에 정비 보조, 전투공병 보조부터 비숙련 운전병의 운전교육용까지 실로 다양한 임무에 끌려다니며 활약했다. 나아가 야전에서는 파손된 판터를 임시 개조해 베르게판터로 활용한 사례도 적지 않았다.

일선에서 펼쳐진 베르게판터의 활약은 추가 발주로 이어졌다. 국방군은 개선된 차체를 사용하는 판터 Ausf.A 기반 베르게판터를 2차로 주문했다. 2차 생산분에 해당하는 베르게판터 Ausf.A는 일선의 요구를 반영해 견인 윈치와 케이블 외에 철제 견인봉을 증설했고, 구데리안의 초기 구상대로 20mm 기관포를 자위무장으로 갖췄으며, 승무원용으로 탑승 장소가 제한된 5인 좌석을 재정비했다.

베르게판터 Ausf.A는 1944년 3월부터 10월까지 123대가 생산되었다. 그러나 당시 급증하던 베르게판터의 수요를 감당할 만한 규모가 아니었으므로, 보조적으로 3호전차 기반의 3호 구난전차(Bergepanzer 3, 베르게판처 3)이 생산되기도 했다. 히틀러마저 베르게판터의 중요성을 절감하고, 1944년 4월까지 수리를 위해 후방으로 수송된 판터 중 다수를 그대로 수리하는 대신 베르게판터로 개조하라는 지시를 내릴 지경이었다.

1944년 10월 이후에는 판터 Ausf.G 의 차체가 베르게판터용으로 공급되었다. 이전의 베르게판터는 동세대 5호전차의 차대를 거의 그대로 공유했지만, 베르게판터 Ausf.G는 엔진과 변속기, 브레이크, 현수장치 등 그간 과부하로 인해 문제가 되었던 부분에 대해 부분적인 개선이 있었다.

다만 전쟁이 종막을 향해 달려가는 시기여서 오히려 몇 가지 장비를 갖추지 못한 채 생산되어 전선으로 향하는 경우도 적지 않았다. 최종형에 해당하는 베르게판터 Ausf.G는 1944년 10월부터 생산 종료까지 107대가 발주되었으나, 종전 당시까지 인도될 물량은 45대뿐이었다. 당연히 1945년 2월 국방군의 추가 발주물량 125대는 단 한 대도 생산되지 않았다.

베르게판터의 전후 평가

전후 독일군의 물자를 입수한 연합군은 베르게판터 역시 검토대상에 올렸다. 미국, 영국, 소비에트 연방 등이 자국으로 베르게판터를 가져가 연구했다. 영국의 경우 연합군이 사용한 모든 구난전차들보다 성능적으로 우수하다는 평가를 내렸고, 소비에트 연방 역시 쿠빈카에서 실험을 실시한 후 그 경험을 T-54 기반 구난전차인 BTS-1/2 개발에 반영했다. 전후 2개 전차연대를 독일에서 압수한 판터로 무장한 프랑스 역시 구난용으로 몇 대의 베르게판터를 인수했으며, 직접적인 연관이 없던 체코도 전쟁 중 독일이 자국 영토 내에 방치한 13대의 베르게판터를 수리해 육군 구난전차로 활용했다.

베르게판터는 50톤 이상의 중전차를 구난할 수 있는 전용 윈치와 크레인을 포함한 각종 설비를 갖춘 본격적인 구난전차라는 점에서 동시대 타국의 구난전차, 혹은 공병전차와 구분된다. 다만 카탈로그적인 성능이나 일선의 열렬한 수요를 배제하고 본다면 베르게판터 역시 원형인 판터와 같이 많은 한계와 문제를 안고 있었다. 짧은 항속거리, 엔진의 출력부족과 상시 과부하 상태인 변속기와 파이널 드라이브 기어의 잦은 기계적 트러블, 중량물 채결 시 토션바와 로드휠의 파손 등 기계적 문제가 넘쳐났고, 큰 차체에도 불구하고 대형 윈치와 예비부품 적재로 인해 승무원을 위한 공간이 제대로 보장되지 않았다.

결국 베르게판터는 긍정적으로도 부정적으로도 시대적 한계를 넘지 못한 구난전차의 원형이라고 할 수 있다. HQ

INTERVIEW 01 　판터 디오라마　　　　　　　　　　　　　　　　　　　글. 편집부 × 사진. 강준환

모형은 역사를 담은 오브제

: MMZ 모델러 이 원 범

인터뷰이.
MMZ 회원 이원범 — WB
인터뷰어.
HQ 이성주 — HQ
일자.
2020년 4월 18일

국내 최대 프라모델 커뮤니티 MMZ에 판터 전차 리뷰를 위한 프라모델 선정을 부탁했다.

"어떤 판터라도 괜찮은 겁니까?"

돌아온 답변에 덜컥 겁이 났다. 이때 타콤에서 나온 판터 대공전차 코엘리안(Coelian)이 혹 스쳐지나갔다. 일단, 범위를 한정시키기로 했다.

"모크업이나 페이퍼플랜이 아니라 실제로 생산돼서 전장에 투입된 모델이어야 합니다"

평범하고, 무난한 주문. 그리고 며칠 뒤. MMZ 운영진이 보내온 사진 한 장과 링크. 바로 이원범 씨의 판터 A형. 디오라마도 비네트(vignette)도 아니고, 덜렁 모형 하나. 다행히 받침대는 있었다. 그러나 HQ 편집부는 이 사진을 본 후 만장일치로 청주행을 선언했다. 국내에서 흔하게 볼 수 없는 판터의 내부 재현 모형이라는 희소성은 《HQ》편집부원들의 무거운 엉덩이를 들어올리기에 충분했다.

HQ: 좋아하는 장르가 있습니까? 에어로(Aero), SF, AFV같이 프라모델도 분야가 많은데?

우문이다. 판터 내부 재현 사진을 보고 청주까지 왔는데…

WB: AFV쪽을 좋아합니다. 그중에서도 대전물(제2차 세계대전)을 특히 좋아합니다. 현대물은 좀 밋밋해요. 모형 자체가 단순하다고 해야 할까요? 제 느낌은 그렇습니다.
HQ: 맞는 말입니다. 현대 전차는 예리함, 정밀함은 느껴지지만 전차 하면 떠오르는 '투박함' 같은 것과는 거리가 멀지요. 그런데 대전물이라도 선호하는 국가나 장비가 있지 않을까요?

역시나 우문이다. 판터 보고 내려오지 않았나?

WB: 대전물 중에서 특정 국가에 대한 선호도가(웃음) 뭐, 이쪽 분야에 관심 있으신 분들 중에서 독일 싫어하는 분들은 없으실 거 같은데요? 독일이 2차 대전 중에 보여준 에피소드들이 많아서, 장비에 얽힌 이야기도 많잖습니까? 디자인적인 관점에서 보면 멋있기도 하구요. 그리고 형식도 다양해서 만드는 재미도 있죠. 그 형식만 따라가도 만들 수 있는 게 수십 가지는 되니까요.

HQ: 독일군의 수많은 형식. 이 복잡한 형식이 2차 대전 독일군 패배의 원인 중 하나가 됐지만, 훗날 수많은 프라모델 메이커들의 일용할 양식이 되지 않았나요? 4호전차 하나만 해도 형식별 분류만 해도(A~J형까지) 10종류가 넘어가고, 파생형까지 합하면 어지간한 사람들도 이걸 다 구분하기 힘듭니다. 이 하고많은 독일군 전차들 중 왜 하필 판터일까요?
WB: 독일군 전차 형식들을 보면, 2·3·4호를 별로 좋아하지 않습니다.

이원범 씨가 재현한 판터 A형과 그 내부. 변동기와 운전석 등을 놀랍도록 정교하게 재현해 놓았다.

HQ: 아니 왜요? 4호가 얼마나 귀엽게 생겼는데!
WB: 너무 둔하게 보여요. 주렁주렁 달린 것들이 거추장스럽게 보이기도 하고, 개인적으로 좋아하는 전차는 6호전차죠. 티거 I이나 티거 II. 육중함. 중(重)전차만이 가지는 매력이 있어요. 전차 자체가 가지고 있는 스토리도 흥미롭잖아요. 탱크 에이스들 이야기라든가, 무쌍을 찍었던 전투 기록이라든가.

HQ: 판터를 만들었잖아요! 그것도 번거롭기 그지없는 내부 재현을! 그 이야기 들으려 청주까지 내려온 겁니다!
WB: 판터도 좋아합니다(웃음). 개인적인 기준으로 보자면, 판터는 2차 대전 독일 전차를 가르는 기준선이라고 봐요. 이전까지 전차들이 수직장갑을 채용했는데, 판터부터 경사장갑을 사용했죠. 전체적인 실루엣이 더 예리해졌어요. 전 독일전차는 판터 전과 판터 후로 나눌 수 있다고 봐요. 한 가지 아쉬운 점이라면…

HQ: 아쉬운 점이라면?
WB: 포탑이죠.

모델러 이원범 씨. 그에게 모델을 만드는 일은 역사를 간접 체험하는 과정이다.

HQ: 포탑?
WB: 티거 I이나 티거 II를 보면 포탑이 커요. 육중하다는 표현이 딱 들어맞는 크고 아름다운 포탑이 얹어져 있죠. 이게 만들면 '뽀대'가 납니다. 그런데 판터는 포탑이 작아요. 물론, 생존성을 높이기 위한 방책이란 건 잘 알고 있지만, 제 개인적인 관점에선 예쁘다고 보긴 어렵죠. 비율상 좀 작다고 해야 할까요?

HQ: 비율의 문제다?
WB: (고개 끄덕이며) 비율의 문제조. 포탑이 작은 게 제일 아쉬워요. 그 덕분에 아름다운 전차가 아니라 귀여운 전차가 됐습니다. 물론, 제 기준에서입니다.

HQ: 티거를 기준으로 보면 귀여운 전차가 될 수도 있을 거 같네요. 그런데 그렇게 크게 차이가 납니까?
WB: 전체적인 실루엣을 기준으로 보면 티거 II가 스케일이 큰 느낌입니다. 개인적으로 육중한 맛이 있는 전차를 좋아합니다.

HQ: 그런데도 판터를 선택했군요. 그것도 내부 재현까지 할 정도면 보통 정성이 아닌데…
WB: 앞에서도 말했지만, 『귀엽다』. 그래서 선택을 한 거고, 내부 재현을 한 건 (웃음) 남들이 잘 안하는 걸 해보고 싶어서였죠. 희소성을 노렸다고 해야 할까요? 그렇다고 제가 자작할 정도까지의 실력은 안 되고, 기존 제품을 그대로 조립만 했습니다. 물론, 배선 같은 건 제가 따로 제작했지만 나머진 제품 그대로입니다.

HQ: 어디 메이커로 만들었습니까? 제작기간은 어느 정도였는지?
WB: 타콤이었습니다. 당시 여러 메이커들에 대한 모델러들의 평을 듣고 선택했습니다. 제작기간은 2달 정도 걸렸는데, 평일엔 하루 1~2시간, 주말엔 6~7시간씩 매달렸습니다. 보통 모델러들이 하는 게 기본적으로 조립하고 도색하고 끝나잖아요? 근데 이건 조립-도색-조립-도색이 이어졌어요. 조그마한 거 하나 조립하고 도색하고 붙이고를 무한반복하니까 힘들죠. 한꺼번에 다 할 수 없으니까. 그게 좀 힘들었어요.

다른 의미로 악취미라 할 수도 있겠다. 판터의 가장 큰 약점이 변속기를 포함한 구동계통이 아닌가? 고장이 잘 나는 건 둘째 문제고, 만약 이쪽 계통에 문제가 생기면 수리하는 것도 일이었다.

당장 전면에 있는 무전기와 기관총을 다 떼 내고 크레인까지 동원해 통째로 들어올려야 변속기 수리에 들어갈 수가 있었다. 이 말 많고, 탈 많은 변속기에 이 정도 공을 들이다니 모른 척, 아닌 척 하지만 판터에 대해서 상당히 연구한 티가 났다.

WB: 키트를 사기 전에 공부를 하죠. 1차적으로 해외 모델러 작품도 보고, 책도 찾고, 구글링도 하죠. 제작하는 동안에도 계속 찾고 공부하는 편입니다. 내부 재현은 판터 말고도 많이 했는데, 확실히 일반 모형을 할 때와는 다른 걸 알려줘요. 전차의 구조나 작동 방식 같은 걸 유추하게 되고, 전차를 좀 더 심도있게 바라보게 됩니다.

HQ: 끝으로 모델러로서 하시고 싶은 말씀이 있다면?

WB: 제가 바라보는 탱크나 비행기는 하나의 역사거든요. 이건, 역사에 관해 생각하는 거죠. 이걸 갖고 사람 몇 명 죽였네가 아니라, 그 역사 속에 있던 모델을 간접 체험하는 거거든요. 만들면서 생각해보기도 하고, 도색을 하면서 색감을 보기도 하죠. '아, 이런 색을 썼구나.' 하면서 자기만의 경험을 하는 것 같아요. 물론, 전쟁에 사용된 무기죠. 하지만 TV나 영화, 게임을 보면 이 전쟁을 얼마나 실감나게 표현해 낼까를 고민하잖아요? 모형도 마찬가지인 거 같아요. 그들이 2D로 전쟁을 말할 때 이건 3D로 전달해주죠. 이걸 단순히 어른들의 장난감 정도로 얕잡아 보지 말아줬으면 합니다.

HQ: 가장 주안점을 두었던 부분이 있다면?

WB: 변속기 부분이죠. 앞에 있는 변속기 부분이 눈에 가장 많이 띄죠. 엔진은 만들어도 안에 들어가 있기 때문에 많이 보이지 않아요. 아무리 정교하게 색칠하고, 웨더링을 맞춘다 해도 안 보이지만 변속기와 운전석 부분은 구동계통이라 눈에 확 띄는 곳이기 때문에 힘을 줬죠.

HQ: 아이러니한데요? 판터 변속기는 다른 의미로 유명한 곳 아닌가요?

WB: 그렇죠. 고장 잘 나기로 유명한 곳이죠. 그런데 내부 재현을 보면 알겠지만, 가장 눈에 띄는 곳이기도 합니다. 저도 나름대로 신경을 많이 쓴 게, 키트의 도색 가이드를 보면 밝은 회색 같은 걸 쓰라고 했는데, 저는 녹색을 사용했어요. (웃음) 녹색을 쓸 수 있지 않을까 하는 생각에. 약간 밝고 화사하게 만들었다고 해야 할까요?

HQ: 가장 문제가 되는 부분에 가장 공을 들였군요?

WB: 그렇죠. 녹색도 녹색이지만, 웨더링도 많이 들어갔거든요. 사용감을 많이 주고 싶었어요. 아무래도 변속기 부분에 힘을 많이 줬다고 봐야죠. 제가 보기엔 이곳이 제일 포인트라고 봤어요.

모형을 하나의 취미로 인정하지 않고, '덜 자란 어른의 장난감' 정도로 생각하는 인식이 아직까지 이어지고 있다. 키덜트(kidult)란 말로 모델러들을 뭉뚱그려 분류하곤 하지만, 엄밀히 말하자면 이 역시도 모형을 '장난감'으로 바라보는 시선을 완전히 거둔 건 아니다. 모형은 이원범 씨의 말처럼 역사를 담은 오브제다. 전쟁과 역사를 3D로 전달해준다. 덤으로 질감까지 더해서 말이다.

판터의 포탑이 작은 게 마음에 들지 않지만, 판터를 공부했기에 특별히 변속기에 대해 신경을 썼고, 이를 위주로 작품을 구상하고 제작했던 것. 이런 것들이 역사의 편린이다. 시간을 내준 이원범 씨와 이원범 씨의 작품을 소개해 준 MMZ에 감사의 말을 전한다. HQ

INTERVIEW 02   저자에게 묻다

글. 편집부

독일 축구 대표팀을 말할 때 빠지지 않고 등장하는 수식어가 '전차군단'이다. 제2차 세계대전 당시 독일이 선보인 전격전이 남긴 강렬한 인상이 70여 년이 지난 지금까지 이어진 셈이다. 독일의 전격전을 상상할 때 강력한 '야수 시리즈' 즉, 판터나 티거 같은 육중한 전차들이 판처카일(PanzerKeil)을 만들어 돌격하는 걸 떠올릴 수 있겠지만, 판터나 티거가 등장할 때쯤이면 독일은 온 사방에서 덤벼드는 적들을 막아내기 급급한 시절이었다.

독일 제3제국의 '절정'은 프랑스를 굴복시킨 낫질작전이라고 말해도 틀림이 없을 터다. 아버지 세대가 4년이 걸려도 점령하지 못했던 프랑스를 단 6주 만에 점령했으니 말이다. 이때 독일의 영광을 견인했던 전차는 1호, 2호전차였다. 3호, 4호전차는 이제 갓 배치되던 시기였고, 수량을 채우기 위해 체코슬로바키아에서 노획한 35(t)와 38(t)까지 동원해야 했다. 그럼에도 장비의 양과 질에서 연합군에게 밀렸던 게 당시 독일군이었다. 이런 조건에서 독일이 승리할 수 있었던 이유가 뭘까?

10여 년 전 한국에 소개된 《전격전의 전설》(칼 하인츠 프리저 저/ 진중근 역)은 지금까지 우리가 피상적으로 알고 있었던 전격전의 본질을 낫질작전을 통해 담담히 기술한 책이다. 좀 더 냉정하게 말하자면, '전격전이라 불리는 허상에 대한 냉정한 추격기'라고 해야 할까?

발간된 지 10여 년이 지났지만, 증쇄에 증쇄를 이어가고 있으며 지금도 전격전에 대한 연구서 중에서 당당히 첫머리에 이름을 올리고 있는 《전격전의 전설》. 저자인 칼 하인츠 프리저가 보인 연구 성과의 놀라움도 있지만, 번역의 탁월함 또한 간과할 순 없다. 한국어로 번역된 수많은 외서, 특히나 군사관련 서적의 경우에는 번역과 관련된 문제가 약방의 감초처럼 등장한다. 《전격전의 전설》은 이런 번역 문제에서 자유로웠는데, 바로 역자인 진중근 중령 덕분이다. 현역 육군 장교. 그것도 기갑병과 장교로서 복무하고 있는 진 중령의 배경지식이 책의 진실을 독자들에게 그대로 전달했던 것이다. 번역자로서, 그리고 군문에 투신한 군인의 입장에서 《전격전의 전설》에 관한 이야기를 들어보기로 했다.

Q. 기갑병과 장교로서 2차 대전 독일 전격전의 하이라이트라 할 수 있는 '낫질작전'의 진실을 접했을 때 느낌은 어떠했습니까?

A. 전격전의 선전용 화보들, 즉 독일군 전차들이 평원을 가로지르는 그림들은 1997년 생도 4학년 때 기갑병과를 선택할 때까지 제게 큰 영향을 미쳤습니다. 실제 '지헬슈니트(Sichelschnitt)'에서는, 10개의 기갑사단이 주 병력이었지만 대부분의 독일군 부대들이 여전히 도보보병부대였고 차량화·기계화보다는 우마차 등을 이용했다는 진실은 참으로 흥미로웠습니다. 특히나 연합군에 비교해 그런 병력과 장비의 수, 성능의 열세에서 어떻게 승리했는가라는 것이 호기심을 자극했습니다.

Q. 황색작전 당시 독일 기갑부대의 주력 전차는 프랑스의 그것에 비해 상당히 빈약했습니다. 1호, 2호전차가 아직도 대다수를 차지하고 있고, 체코슬로바키아에서 노획한 38(t)를 끌고 올 정도로 전차수량도 부족했습니다. 3호와 4호전차는 겨우 실전에 배치된 상황이었습니다. 그럼에도 승리할 수 있었던 비결은 뭐였을까요?

A. 서부전역 당시에 한정해서 말씀드린다면, 어떤 전차를 몇 대 보유했는가보다, 보유하고 있는 전차를 어떻게 운용하는가가 더 중요했다고 봅니다. 그리고 "전차 대 전차 전투"에서는 1940년 서부전역의 양상과 1943~45년까지 대전 후반기에 명성을 떨친 티거(Tiger)와 쾨니히스티거(Koenigstiger) 전차를 보유했던 독일군을 보시면 아시겠지만 우수한 전차를 보유한 쪽이 결코 승리하는 것은 아닙니다. 이들을 운용하는 방법이 바로 핵심인 것이지요.

다시 서부전역으로 돌아가서, 프랑스군은 당시 최강의 전차 샤르B를 보병부대의 화력지원으로 운용했고, 기갑부대를 편성, 집중 운용하지도 않았습니다. 스당의 스톤(Stonne) 전투에서 샤르B 전차 한 대가 총 13대의 독일군 전차를 유린한 사례를 보시면 아시겠지만 이런 전차들로 기갑사단, 여단을 편성, 운용했다면 19군단은 아마 스당 일대에서 궤멸될 수도 있었겠지요. 반대로 독일군은 10개의 기갑사단을 운용했습니다. 그래서 대서양 해안까지 그렇게 빨리 진격할 수 있었다고 생각합니다.

1
통수강령: 구 일본 육군 참모본부와 육군대학의 인재들이 내놓은 '일본제국군을 위한 병법서'라고 할 수 있다. 1928년에 발간됐으나 최고급 참모들과 부대 지휘관에 한해서만 열람하던 책이었으나, 일본 제국이 패망하고 나서 세상에 공개됐다.

2
이 질문은 번역자 진중근에게 던진 질문이 아닌 현역 장교 진중근에게 던진 질문이다. 일반상식으로 '임무형 전 술'이란, 작전의 목표만을 해당 부대 지휘관에게 전달하고 이 목표를 달성할 방법은 지휘관의 재량껏 판단해서 부대를 지휘하란 것이다. 말은 쉽지만 이를 위해서는 염두에 둬야 할 제반 사항이 너무 많다. 당장 지휘관은 상부에서 내려온 명령의 본질을 이해해야 하고,

Q. 황색작전 성공에 가장 큰 공로자는 누굴까요? 낫질작전을 입안한 만슈타인일까요? 아니면 부하들에게 잠을 재우지 않겠다는 선언을 하고 현장에서 분투한 구데리안이었을까요? 아니면 또 다른 누구일까요? 수훈갑을 꼽는다면 중령님은 누구를 꼽겠습니까?

A. 저는 독일군 기갑부대 장병들이라고 생각합니다. 아무리 훌륭한 계획이라도 그것을 실행하는 부대들이 그것을 제대로 이행하지 못하면 끝입니다. 물론 만슈타인이 지헬슈니트를 수립했고 히틀러가 승인했지만 군단장, 사단장이 아무리 현장에서 큰소리친다고 해도 말단에 있는 장교들과 병사들이 움직이지 않는다면 승리할 수 없는 것입니다.
《통수강령》[1]의 "지휘관" 편에 이런 부분이 있습니다.
"군의 의지는 지휘관의 의지이고 군의 승패는 주로 지휘관의 의지로 지배된다. 고올을 정복한 것은 로마인이 아니라 시저다. 무적을 자랑한 로마를 전율케 한 것은 카르타고 군이 아니라 한니발이다. 3배의 우세를 자랑하는 유럽 연합군에 대항해서 7년간이나 나라를 방어한 것은 프러시아 군이 아니라 프레데릭 대왕이다"
그러나 그런 위대한 장군들이 그런 일을 해내는 데는 그와 함께 해준 부하들이 분명히 있다는 거죠. 충무공만 기억하고 조선 수군을 기억하지 못하는 것이 좀 안타깝습니다. 칠천량에서 원균의 조선 수군들도 사력을 다해 싸웠을 겁니다. 본서 p.227의 루바르트 중사 같은 사람들이 없었다면 전격전은 초전에 실패했겠죠. "상하동욕자 승(上下同欲者 勝)"인 것이지요.

Q. 임무형 전술이란 게 무엇입니까?[2]

A. 어려운 질문이네요. 저는 임무형 전술을, "독일군만 할 수 있는 독일군 전술"이라고 말합니다. 물론 Auftragstaktik을 임무형 '전술'로 번역하지만 이는 임무형 지휘(Fuehren mit Auftrag)가 더 정확한 표현이고, '전술'이 아니라 일종의 독일군만의 '지휘 철학'이라고 봅니다. 임무형 지휘를 여러 나라의 군대가 공부하고 적용하려고 시도하고 있지만 이것은 공부하고 인위적으로 적용한다고 해서 되는 문제가 아니라, 그 나라, 그 나라의 군대, 그 나라의 학교와 가정교육, 역사, 종교, 총체적인 문화까지 이해해야 알 수 있는 것입니다. 독일군 장교들은 임무형 지휘를 거창하고 대단한 것이라 여기지 않습니다. 그들이 실생활에서 생각하고 행동하는 모든 것들이 그런 바탕에서 하는 것이지요. 이것이 외국 군인들 눈에는 임무형 지휘로 보이는 것뿐입니다. 자기네 나라에서는 감히 따라 할 수 없는 것이니까요.

Q. 기갑부대에게 가장 특화된 전술이 임무형 전술이라고 할 수 있을까요? 하인츠 구데리안은 상부와 불편한 관계를 유지했습니다. 승리를 위해서는 역시 현장 지휘관의 판단이 중요한 걸까요? 아니면 대국적인 차원에서 전략 전체를 바라보는 눈이 필요한 걸까요?

A. 제2차 세계대전에서 현장지휘, 진두지휘에 관해서는 《전격전의 전설》에 충분히 강조되어 있습니다. 질문을 조금 바꿔서 현대전에서의 현장지휘의 의미에 대해 말씀드리겠습니다. 요즘 제가 읽고 있는 《Command Culture》라는 책에는 이라크 전쟁 시 미군 지휘관들의 현장지휘에 관한 이야기들이 기록되어 있습니다. 저자는 위성과 무인항공기 등으로 원격으로 실시간 전장을 관찰할 수 있는 현대전에서도 현장지휘가 중요하다고 말합니다. 저도 전적으로 공감합니다. 최소한 대대장 정도는 현장에서 부하들과 함께 전투해야 한다고 생각합니다. 여단장, 사단장은 가장 결정적인 전투가 벌어지는 곳에서 부하들에게 모습을 드러내는 수준의 현장지휘가 필요합니다. 물론 현대전과는 거리가 먼 1944년 벌지전투 시에 리지웨이 장군은 이렇게 말했습니다. "전투 시 내가 원하는 지휘관은 이런 것이다. 사단장은 선두 대대와 함께 있어야 하고 군단장은 가장 치열한 전투를 치르는 연대와 함께 해야 한다."
군단장, 사단장들도 전체적인 국면을 바라보기 위해 현장지휘보다는 지휘소에서 상황도를 주시해야 한다고 생각하는 사람들도 있습니다. 하지만, 가장 치열한 전투가 벌어지는 곳에 사단장, 군단장이 나타났을 때 그 부하들의 사기가 어떻게 될지를 생각해 봅니다. 그렇다면 전체적인 국면을 보기 위해서 군단장, 사단장을 대신해서 누군가(?)가 대신 지휘소에 남는 방법도 있겠지요.

Q. 독일의 기동 우회 섬멸전, 후티어 전술, 전격전으로 이어지는 일련의 대규모 회전은 독일이란 국가의 지정학적 한계를 해결하기 위한 노력의 결과물이라고 볼 수 있습니다. 국가만의 고유적인 전략이란 게 있다는 느낌을 확인할 수 있는데요, 결국 전술적인 승리로는 전략적인 판세를 뒤엎을 수 없는 것일까요?

A. 제1차 세계대전에서 독일은 전투에서 거의 패배한 적이 없었지만 패전국가가 되었습니다. 제2차 세계대전에서도 독일군은 '작전'만큼은 연합군을 압도했지만 결국 '군수', '경제력', '동원력' 등을 포괄하는 '전략적 개념'이 부재한 탓에 또 한 번 패전국이 되었습니다. 독일군 장교들은 작전, 전술적 측면에서는 최고 수준이었지만 전략적인 면에서는 안목이 부족했습니다. 두 번의 세계대전이 이미 그 해답을 보여주었습니다. 전술적, 작전적 승리가 오히려 전략적 패배의 원인이 될 수도 있습니다. 서부전역에서의 전격전, 즉 작전적 수준에서 우연적인 승리가 독소 전역에서의 필연적 패배의 원인, 나아가 독일 패망의 원인이 된 것일 수도 있겠지요.

Q. 끝으로 《전격전의 전설》은 어떤 책이고, 왜 읽어야 하는지를 말씀해주십시오.

A. 반드시 꼭 읽어야 할 책은 아닙니다. 세상에는 좋은 책이 너무나 많거든요. 단지 제2차 세계대전에 관심이 있으신 분들, 전쟁을 계획하고 전쟁을 수행해야 하는 분들이 읽어야 할 책들 중에 하나일 뿐입니다. 이 책은 1940년 5월에 프랑스와 독일 국경에서 무슨 일이 있었는지 가장 상세히 기술된 책 중 하나라는 답변을 드리면서 마무리하겠습니다. 다시 한 번 미천한 역자를 이처럼 환대해 주심에 감사드립니다.

군무에 바쁜 와중에도 시간을 내 친절히 응대해 준 진중근 중령의 호의에 다시 한 번 감사의 인사를 전한다. 개인적으로 그의 글을 봤을 때의 감정은 '충족감'이었다. 역자와 감수자, 그리고 연구자의 모습을 모두 엿볼 수 있기에 느끼는 감정이랄까? 책 한 권을 읽을 때 '한 줄만 건져도 손해 보지 않는다'라고 생각하고 있었는데, 그가 번역한 《전격전의 전설》은 매 페이지마다 비어있는 구석이 없었다.
'미천한 역자'란 겸양의 의미는 말 그대로 겸양이다. 역자이기 이전에 감수자이고, 연구자이기도 한 진중근이 있기에 《전격전의 전설》은 지금도 전설로 회자되고 있다. HQ

ARTICLE 02 — 판터 에이스

글. 채승병 × 그림. SS·유호선

판터 에이스, 에른스트 바르크만은 누구인가?

에른스트 바르크만(Ernst Barkmann)은 1919년생으로, 독일-덴마크 접경지대인 슐레스비히-홀슈타인 주 키스도르프의 농업인 집안 출신이었다. 그는 징병될 나이가 되자 곧장 1939년 4월 1일에 무장친위대의 전신인 SS-VT(처분부대)에 지원하여, 신병훈련을 마치고 게르마니아 연대 3대대에 배속된다. 주특기는 기관총이었으며, SS처분사단 소속 보병으로 폴란드, 프랑스 전역을 누볐다.

1941년 7월 드네프로페트롭스크 일대의 전투에서 중상을 입고 후송, 회복 후 1942년 봄에는 전차병으로 보직 변경을 신청하고 전차병 훈련과정을 이수하였다. 소속부대도 다시 SS처분사단의 전신인 "라이히" 사단이 되어, 3호전차 전차장으로 1943년 2~3월의 제3차 하리코프 공방전을 치렀다. 이후 제2SS기갑사단 "다스라이히"의 전차대대가 무장친위대에서 처음으로 판터를 장비한 대대로 재편되면서, 바르크만도 하사 계급의 판터 전차 단차장으로 활약을 시작한다. 이후 1943년 말~1944년 초에 걸쳐 다스라이히 사단이 소련군의 대반격을 맞아 격전을 치르는 가운데 착실히 전차장으로서의 경험을 쌓아간다.

에른스트

바르크만의 만헤이 활극

그의 활약이 두드러지기 시작한 것은 1944년 7월 노르망디 전투 무렵부터이다. 당시 그는 제2SS전차연대 4중대 소속으로 혼란스러운 보카쥬(bocage, 관목 울타리) 지형과 압도적인 영미 연합군의 제공권 속에서도 다수의 미군 전차와 차량을 격파한다. 특히 7월 27일 르로리에서 모퉁이의 큰 오크나무 뒤에 숨어 있다가 미군 전차부대를 기습, 9대의 셔먼 전차와 다수의 차량을 격파했다는 일화가 유명하다.

이른바 '바르크만의 모퉁이'로 불리는 이 일화의 전공으로 그는 9월 5일에 기사십자철십자훈장을 수여받고 중사로 진급한다. 이후 그는 라인 경비 작전과 헝가리 발라톤 호수 일대에서의 봄의 기지개 반격작전에 참가한 뒤에 빈을 향해 퇴각한다. 최후에는 프라하에서 퇴각하는 독일군 및 피난민들을 엄호하다가 종전을 맞이하였다.

바르크만은 연합군 점령지역을 가로질러 고향 부근에서 영국군의 포로가 된 데다 직접적인 전범행위가 없어 다스라이히 사단의 동료 대원들에 비해 비교적 짧은 포로 생활만을 하고 풀려났다. 전후에는 고향 키스도르프에서 의용소방대장 일을 했고, 1976~94년에는 키스도르프의 민선 지자체장으로 재직했다. 2009년 6월 27일 90세를 일기로 사망하였다.

바르크만의 '만헤이 활극'

독일군은 1944년 8월 21일 팔레즈 포위전 패배 이후 3주간 패주를 거듭하며 서부전선에서 전면 붕괴 위기를 맞았다. 그러나 9월 몽고메리의 마켓가든 작전은 아른험에서, 패튼의 저돌적 펀치는 메스에서, 하지스의 예봉은 휘르트겐 숲에서 일단 멈춰세우며 극적으로 전선을 안정시키는 데 성공했다. 비슷한 시기 동부전선에서도 바그라티온 작전의 참패 이후 소련군을 바르샤바 목전에서 겨우 멈춰세웠다.

연합군이 독일 본토 앞까지 밀어닥친 상황에서 완벽한 승리가 불가능해지자 독일은 영미 연합군에 단기간 내 최대한의 타격을 가해 개전 이전 상태로 되돌리는 선에서 강화를 맺은 후 여기서 풀려난 전 병력을 소련에 집중해 격파한다는 망상에 집착하게 된다. 그 결과 입안된 작전이 라인 경비 작전이다.

INSIGHT
독일군에 전차 에이스Panzer Ace가 존재했는가

원래 격추 대수를 따져 에이스(Ace, 독일어 Experte) 호칭을 붙여주는 것은 전투기 부대의 관행이다. 공중전은 단좌식 전투기로 1:1 교전을 하는 게 보통이니, 개인의 역량이 승부에 결정적인 영향을 미치는 데다 전공을 개인 단위로 카운트하는 데도 무리가 없기 때문이다. 또 탁 트인 공중이 전장이라 격추 여부 확인이 비교적 쉽기도 하고 말이다. 특히 제2차 세계대전은 전쟁이 길어지고 대규모 공중전이 허다하게 벌어지면서, 통상적인 5대 격추 기준을 넘어 수십, 수백 대가 넘는 격추 대수를 올린 슈퍼 에이스들이 다수 등장하며 화제가 되었다.

이러다 보니 전쟁 이야기로 먹고 사는 저술가들은 공군 전투항공병과를 넘어 육군 기갑병과에까지 '에이스' 개념을 확장해서 필담을 풀고는 했다. 대표적인 인물이 바로 독일의 프란츠 쿠로프스키(Franz Kurowski, 1923~2011)였다. 그는 《Panzer Aces》 1~3권, 《Infantry Aces》 등을 통해 독일군 기갑, (대전차)포병, 보병병과에서 맹활약한 전쟁 영웅들을 '에이스'로 호칭하였다. 한국에서도 1990년대부터 무장친위대의 미하일 비트만, 육군의 오토 카리우스 등 티거 부대의 이름난 전차장들이 소개되면서 자연스럽게 이들을 '전차 에이스'라고 부르고 그들의 전차 격파 수를 줄줄 읊는 풍조가 번져나갔다. 예컨대 카리우스는 약 150대, 비트만은 약 135대, 바르크만은 82대, 그리고 168대를 격파하고도 기사십자철십자훈장도 못 받은 비운의 에이스 쿠르트 크니스펠(제503중전차대대 소속) 등등…

그러나 사실 제2차 세계대전 중에는 모든 참전국에 이런 류의 '전차 에이스' 개념이 없었다. 전차전과 공중전은 그 양상이 판이하게 다르기 때문이다. 기본적으로 각 전차는 4~5명이 탑승하는 팀으로 움직이며, 전차전 또한 다른 차량 및 보병과의 협동전술이 훨씬 중요하다. 적 차량을 격파하더라도 대부분의 경우 그것은 협동전술을 편 부대 전체의 전공이지, 포를 쏜 개별 차량이나 그 단차장 또는 포수 개인의 전공이라고만 하기 곤란하다. 또한 지상전은 복잡한 지형지물 속의 난타전인 경우가 많아 정확히 누가 쏜 포탄에 맞은 것인지, 정말 완파된 것인지 하나하나 세고 있기도 어렵다. 피격당하는 경우가 잦아 승무원들이 자꾸 바뀌기도 한다.

이러다 보니 독일 현지의 연구자들이 많은 수의 저명한 전차장들을 인터뷰하며 "영감님은 전쟁 중에 적 전차 몇 대를 격파하셨나요?"라고 질문하면, 그들은 당혹하며 "정확히 세어본 적이 없어서 모르겠는데?"라고 답하는 경우가 꽤나 많았다고 한다. 심지어 장수하여 여러 인터뷰에 응한 카리우스(2015년 사망)나 바르크만(2009년 사망)도 알려진 격파대수 150대 및 82대는 터무니없다고 하면서 각각 100대, 50대 정도를 격파한 것 같다고 증언했다고 한다. 우리가 알고 있던 '전차 에이스'의 적 전차 격파 대수는 실제 개인의 전과가 아니라, 훈장 상신을 위한 조서를 작성할 때 부대 전체의 전과를 특정인에게 몰아주어 치장한 숫자라는 이야기이다.

이런 과장된 격파 대수 공식(?) 기록이 확산된 데에는 무장친위대의 언론플레이도 한 몫을 했다. 무장친위대는 나치당의 사병집단이지만 야전부대로서도 능력이 뛰어나다는 걸 과시하기 위해 적극적으로 전쟁영웅을 만들 필요가 있었다. 미하일 비트만과 그의 포수 발타자르 볼의 경우가 대표적이다. 비트만의 기사십자철십자훈장 상신 조서(1944년 1월 14일자)에서는 1943년 7월부터 1944년 1월 9일까지 그가 적 전차 66대를 격파했다고 한다. 그런데 불과 보름 뒤에 올린 곡엽(槲葉, 떡갈나무잎)기사십자철십자훈장 상신 조서(1월 30일자)에서는 1943년 7월 이전의 격파대수와 1월 10일 이후 20일간의 전과까지 합해 48대나 늘어난 114대째를 격파했다고 적는다. 이런 식의 영웅 만들기 경쟁에 여러 부대가 뛰어들면서 집계과정이 의문스러운 격파 대수 기록이 덧붙여지고, 전후 '전차 에이스' 신화의 토대가 만들어진 것이다.

QR코드를 스캔해 작가의 그림을 고해상도 이미지로 만나보세요! 단, 개인적 목적의 이용만 허용합니다.

착각으로 시작되어 전설로 마무리된 전투. 바로 〈만헤이 전투〉다.

하지만 작전은 최선방에 선 제1SS기갑군단이 아르덴 고원지대를 지나 나타나는 뫼즈 강까지의 돌파구를 여는 임무에서 미군에게 틀어막혀 12월 19일을 기점으로 정지하며 초반부터 엉망이 되었다. 이에 독일군은 후속 제파인 제2SS기갑군단을 한참 남쪽으로 돌려 제5기갑군이 뚫어놓은 실낱같은 진격로로 밀어넣을 수밖에 없게 됐다. 에른스트 바르크만이 소속된 제2SS기갑사단은 15번 국도를 따라 북서진하면서 만헤이 주변에 포진한 미군을 격파하는 임무를 맡게 되었다.

하지만 만헤이로 가는 길은 순탄치 않았다. 미군 제7기갑사단과 제9기갑사단이 펼친 지연전으로 시간을 빼앗겼기 때문이다. 15번국도 본선엔 미군 제82공수사단 소속 보병중대를 주축으로 한 TF 브루스터가 포진해 있었지만, 독일군 입장에선 이 만헤이를 돌파해야만 뫼즈강으로 향할 수 있었다.

낮에는 전폭기와 매복 공격을 당할 위험이 컸기에 야습으로 미군의 허를 찌르는 수밖에 없었다. 바로 이때, 12월 24일 밤 크리스마스 이브를 축하할 여유도 없이 전개된 야습에서 제2SS전차연대 4중대 소속이던 바르크만 중사가 뜻하지 않게 본대와 떨어져 단신으로 적진 깊숙이 들어가는 아찔한 실수(?)를 저지른다.

훗날 만헤이 활극이라 회자되는 이 실수(?)의 전말은 다음과 같다. 당시 판터 401호에 탑승하고 있던 바르크만은 제2SS전차연대 4중대 3소대장이었던 프라우셔 상사의 소대가 전진 중 피탄당해 정지했다는 보고를 보내오자 직접 앞서 나가보기로 했다. 한데 바르크만은 이동 중 프라우셔가 전차 위치를 옮기고 다시 전진했다는 소식을 듣고 그와 만나기 위해 전진하다 전차 한 대를 만나게 된다. 하지만 바르크만이 프라우셔의 431호차인 줄 알았던 전차는 미군 셔먼 전차였다. 후미등 색상 차이로 미군 전차임을 알아차린 바르크만은 포수에게 다급히 명령을 내려 상대 전차를 포격해 침묵시켰다. 불타는 전차를 지나치자 오른쪽 숲의 탁 트인 방향에서 미군 전차 두 대가 연이어 다가왔고 바르크만의 전차는 곧바로 포격을 가해 이들을 멈춰 세웠다.

이 시점에 이르자 중대와 무전도 닿지 않게 됐지만, 바르크만은 프라우셔의 전차가 피탄당해 있을 것 같아 전진을 계속한다. 그러나 숲 사이의 넓은 초지에 이르자 S로 굽어 반대편 숲 나무 사이의 내리막길로 들어가는 도로에 적 전차 아홉 대(바르크만의 회고에 따른 숫자. 미군 측 문헌에는 일곱 대로 기록)가 바짝 붙어 서 있었다. 바르크만은 이 상태에서 멈춰서거나 후진하면 자살행위나 다름없다고 생각하고 속임수를 쓰기로 한다. 그대로 적진을 통과하기로 한 것이다.

적들이 바르크만의 판터를 미군 전차로 여긴다면 지나칠 수 있으리라는 판단이었다. 요행히도 미군 전차 승무원들은 판터가 후면에서 본인들을 겨누게 된 상황임에도 전차에서 나와 뒤쪽 숲에 있는 막사로 향하기 시작했다. 바르크만은 프라우셔의 전차가 본인들의 앞이 아닌 뒤에 있음을, 그리고 본인들이 야간 전투에 익숙하지 않은 적과 접촉했음을 알아차렸다. 중대와의 무전은 여전히 불통이었으나 바르크만은 전진을 명령했다. 당장은 적 전차를 격파할 수 있는 상황이었지만 그랬다가는 적군이 모두 경계 상태에 돌입할 터였기 때문이다. 그렇게 만헤이 방향으로 전진하자 다시 숲이 나왔다. 숲 사이에 철수 중이었던 미군 보병들이 보였지만 바르크만은 특별한 주의를 끌지 않게끔 조용히 미군 사이를 통과했다.

그렇게 전진한 끝에 바르크만의 판터는 만헤이에 도착했다. 바르크만의 목적은 오로지 마을을 벗어나 마을 밖 어딘가에서 방향을 틀어 중대와 합류하거나 적어도 무선이 다시 통하는 데에까지 가는 것이었다. 바르크만은 계속 전진해 셔먼 전차가 늘어서 있는 미군 진영 한복판을 통과해 갔다.

미군들은 처음에는 길 옆으로 비켜섰지만 얼마 안 있어 방금 지나간 것이 미군이 아닌 독일 전차임을 알아차렸다. 미군의 지프가 막아서며 신호기를 흔들자 바르크만은 차를 밀고 갈 것을 명령했다. 그 결과 바르크만의 판터는 지프를 뭉개면서 도로 바깥쪽으로 미끄러져 가까이에 있던 셔먼을 들이받았고 그만 시동이 꺼지고 말았다. 다행히 다시 시동이 걸려 도로로 올라탄 바르크만의 판터는 연막을 뿜으며 미군을 따돌려 마을을 빠져나왔고, 쫓아오는 차량을 향해 포탑을 돌려 고폭탄을 퍼붓고 다시 달리기를 반복했다.

만헤이 전투의 성과와 실패

결과적으로 바르크만은 크리스마스 이브의 미군 집결지를 완전히 혼란에 빠트렸다. 바르크만의 판터가 도로를 벗어나 도로가 잘 보이는 곳에 매복한 사이 바르크만의 소속 중대가 만헤이를 공격해 들어왔다. 미군은 혼란 속에 맞은 공격에 그랑므닐 방향 서쪽과 보-샤베느 방향 북동쪽으로 퇴각했고, 바르크만은 본인들의 방향으로 밀고 오는 적 전차를 전차포로 흩뜨려 놓았다. 그 결과 만헤이는 비교적 단시간 안에 독일군 수중에 떨어졌다.

하지만 이와 같은 활극과 후속 4중대 판터들의 분전에도 독일군 제2SS기갑사단은 만헤이를 단 이틀 만에 내주게 된다. 12월 25일 새벽에 바로 옆인 그랑므닐까지 점령하고 중대의 공격 목표였던 서쪽의 에르제-뒤르비 방향으로 진격했지만 그 길목 한가운데에 자리한 미군 제75보병사단의 완강한 방어로 더 나아갈 수 없었다.

이튿날 독일군 제2SS기갑사단이 제3SS기갑척탄병연대를 중심으로 서쪽 에르제 방향으로 공격을 재개했지만 하루 사이에 미군이 좁은 길을 따라 나무를 쓰러뜨려놓은 데 이어 오후 들어서 전열을 정비한 미군 제424보병연대와 제3기갑사단 전차들이 포병지원과 함께 만헤이-그랑므닐 북쪽에서 반격에 돌입하면서 독일군을 수세로 몰아넣었다.

결국 독일군 제2SS기갑사단은 3면을 조여오는 미군의 거센 반격을 견디다 못해 26~27일 밤 사이에 만헤이를 포기하고 다시 프레튀르 방향으로 퇴각함으로써 공세 지속 능력을 잃었다.

미하일 비트만, 오토 카리우스, 쿠르트 크니스펠 등등 쟁쟁한 인물들이 거론되는 티거 에이스와 달리 판터 에이스로는 거의 유일하다시피 부각된 인물이 에른스트 바르크만이다.

독일 전차병 복장 판처야케

독일 전차병 복장, Panzerjacke(판처야케)는 일반적으로 군복이 갖춰야 할 실용성이나 위장효과와는 다소 거리가 멀어 보인다.

당시에는 대부분의 나라에서 기능적인 전투복과 장식성이 강한 정·예복이 거의 구분되지 않고 사용되었다는 점을 고려하더라도, 미군 전차병들의 짧은 점퍼처럼 지극히 실용적인 복장이 동시대에 이미 존재했던 점을 생각한다면 셔츠에 넥타이까지 매도록 되어 있는 독일 전차복은 분명히 비기능적이고 시대착오적인 요소가 강하다.

일단 독일군 내부에서도 전차병 이외에는 찾아볼 수 없는, 좀 뜬금없어 보이는 검정색은 과거 프로이센 경기병의 전통을 계승한 것이다. 유럽 최강의 나폴레옹 군대를 무찌른 프로이센 경기병의 검은색 군복, 그리고 모피 모자를 장식하던 백골 휘장이 현대화된 기계 말(馬) – 전차로 갈아탄 현대의 창기병들에게 그대로 계승된 것이다.

더블버튼에다 커다란 깃이 달린 전차복의 독특한 디자인에 대해서는 여러 가지 해석이 있지만 1920~30년대의 등산 자켓이나 스키복 같은 아웃도어 복장의 일반적인 디자인이라고 보는 것이 정설이다. 다만 차내 활동의 편의성을 고려하여 일반적인 아웃도어 자켓보다 길이를 짧게 만드는 바람에 결과적으로 연회용 예복처럼 보이기도 하는 이런 독특한 디자인이 생겨났다.

하지만 당시의 기갑병과는 가장 고가의 장비를 다루고 고도의 훈련이 필요한 엘리트 집단이었다. 프로이센 창기병의 높다란 곰털 모자와 화려한 장식이 들어간 검정색 군복 그리고 망토가 반드시 실용성을 위해 존재한 것이 아니었던 것처럼, 이 독특한 복장도 독일 전차병들의 높은 사기와 자긍심을 나타내는 상징이 아니었을까 싶다.

친위대와 육군 전차복의 차이

흔히 육군과 무장친위대 전차복의 차이를 옆의 그림처럼 설명하는 것이 일반적이지만, 실제로는 이 설명에 꼭 들어맞지 않는 예외적인 경우도 꽤 있다. 미국처럼 막대한 물량의 양산이 가능한 초대형 공장이 거의 없었던 독일은 막대한 군의 수요를 수많은 군소 공장이 나누어 생산하는 시스템이었고, 그로 인해 같은 품목조차 공장마다 재질이나 세부의 디테일에서 사소한 차이를 보이는 경우가 꽤 있다. 특히 무장친위대는 강제수용소의 인력을 활용하는 별도의 생산과 보급체계를 가지고 있었으므로, 의도적이기보다는 이런 데에서 발생한 사소한 차이가 아닐까 싶다.

육군의 기갑부사관
←
독일 전차병의 검은 제복은 프로이센 경기병의 전통을 계승한 것으로, 전차는 과거 전장에서 기병대의 역할을 계승한 엘리트라는 자부심의 상징이다.

① 전차병들이 즐겨 사용한 약모. 장교용은 은색 장식선이 들어있지만, 사병이나 부사관용에는 없다. 독일 국기를 상징하는 흑·백·적의 동심원과 모표를 둘러싼 핑크색 역V자는 기갑병과를 나타낸다.
② 견장에는 계급과 병과가 표시된다. 핑크색의 테두리는 기갑, 계급은 상사다.
③ 해골의 병과 마크는 프로이센 경기병의 모표를 그대로 차용했다. 사각의 테두리는 기갑을 나타내는 핑크빛 병과 색상으로 마무리했다.
④ 육군은 독수리 국가문장을 다른 모든 병과와 마찬가지로 가슴에 부착한다.
⑤ 대독일훈장. 뛰어난 리더쉽을 발휘한 지휘관 또는 지휘자에게 주어지는 포장. 무공훈장인 철십자와는 다르다.
⑥ 2급 철십자훈장, 1급 이상은 가슴이 아니라 목에 건다.
⑦ 전차 대 전차의 격투전에 3회 이상 참가한 전차병에게 수여되는 전차돌격장. 100회까지 4등급이 있다.
⑧ 전상장. 부상 정도에 따라 흑, 은, 금 3등급이 있다.

무장친위대의 기갑장교
→
무장친위대(Waffen SS)는 육군과 거의 동일한 복장을 착용하지만, 독자적인 생산 공장과 보급체계를 가지고 있었기 때문에 세부의 디테일에서는 조금씩 차이가 있다. 가장 큰 차이는 옷에 부착되는 각종 휘장의 종류와 부착방법이다.

① 핑크빛 병과 색상 장식이 들어간 정모. 모표는 기갑병과의 해골과 디자인이 다소 다른 친위대의 해골이다.
② 장교의 상의 칼라에는 은색 장식선이 들어간다.
③ 기갑병과 대위의 견장
④ 친위대는 해골 병과휘장을 쓰지 않고, 우측 컬러에는 SS 문자. 좌측에는 계급장을 부착한다.
⑤ 전차격파장. 대전차전이 아닌 보병화기로 적전차를 파괴하면 은장이 수여되고, 5대 이상에는 금장이 수여된다.
⑥ 2급 철십자훈장의 약장. 철십자훈장을 비롯한 각종 훈장의 약장리본은 이처럼 첫 번째 단추 구멍에 끼워 부착한다.
⑦ 각종 기능장, 명예장, 참전기장의 약장.
⑧ 2급 철십자훈장
⑨ 전차돌격장 은장
⑩ 전상장 은장
⑪ 친위대 국가문장. 육군과 달리 왼쪽 팔뚝에 부착하고, 세부적인 디자인도 약간 다르다.
⑫ 커프 타이틀. 소속사단 이름이 새겨진 부대표식. 육군은 극소수의 엘리트 사단이 오른팔 소매에 부착하는 데 비해 친위대는 거의 모든 사단이 왼쪽 소매에 부착한다.

(HQ)

PICTORIAL 01

판터 바리에이션

글. 편집부 × 그림. 청설모·유호선·박성규·문효섭

PANTHER Ausf. D
판터 D형

D형 판터는 판터라는 전차의 특징을 세상에 내보인 첫 전차다. 전면장갑은 원래의 설계보다도 두텁게 만들어 경사장갑의 채용과 더불어 방어력을 높이는 효과를 냈으며 포 구경에 비해 무거운 무게로 말미암아 안정적인 원거리 명중률이라는 부가 효과를 얻었다. 중전차인 6호전차 티거와 같은 엔진을 쓰면서도 티거보다 가벼워 기동력이 좋고 제자리 회전이 가능한 기동성까지 과열, 화재와 같은 고질적인 문제를 떠안고 있었다. 대표적인 1943년 쿠르스크 전투에서 판터는 맨 처음 전투를 겪기도 전에 주저앉았으며, 이러한 설계 오류 기동이 상당수는 전에 기동 기름에 완전히 해결되지 않았다.

40 MILITARY MOOK HEADQUARTER

PANTHER Ausf. A
판터 A형

대전차전 이후 독일군은 D형 판터를 수리하면서 개량형을 내놓게 되는데, 이렇게 나온 판터를 두 번째 시리즈인 A형이라 부른다. A형 판터 초기형은 D형 판터와 동체가 같지만 포탑을 새로 하는 등의 차이가 있었고, 이후 처음부터 A형으로 제작된 판터는 때때로 A2형으로 불렸다. 초기 A형 판터는 D형 판터의 크게 다를 바 없는 외양을 보여주었다. 히터가 장착되면서 후면 왼쪽 배기구에 두 개의 냉각 파이프가 추가되어 긴 수직 파이프 세 개가 나오는 형태로 수정되었다. 포신 외의 무장인 기관총이 경우도 초기 A형에서는 D형과 마찬가지로 직사격형 편자함(레터박스)형 슬릿에 무전수가 총을 기워넣고 발사하는 식이었으나 1943년 11월부터는 둥근 장갑 보호대가 있는 쿠겔블렌데(Kugelblende)라는 볼마운트가 도입돼 전형적인 판터의 형태를 완성하게 됐다.

PANTHER Ausf. G
판터 G형

G형 판터는 1944년 3월부터 1945년 4월까지 생산된 판터의 최종 개량형으로 2,953대 생산되었다. 독일은 G형 판터의 개발에 앞서 판터 II라는 이름을 단 새 전차 제작 계획을 수립하고 있었으나 전쟁 상황으로 말미암아 완성에 이르진 못했고, 판터 II의 설계 과정에서 나온 교훈을 G형 판터를 설계하는 데에 활용했다. D형이 판터 전차의 시작을 알렸다면, A형은 D형의 결함을 극복해 낸 모델이라 할 수 있고, G형은 생산성을 높이기 위한 모델이라 할 수 있다. 부족한 물자를 가지고 만들어야 했기에 차내 도색 폐지가 결정됐고, 1945년 1월이 되면 기관실의 볼트수를 절반으로 줄이라는 지시가 내려왔다. 이후에는 큐폴라의 대공 기관총 레일마저도 폐지됐다. 한 대라도 더 생산하기 위한 사투였다.

PANTHER Ausf. G LAST PRODUCTION
판터 G형 최후기형

G형과 G형 최후기형의 외형상의 차이 중 가장 큰 것은 포방패 하단에 아래턱(chin)을 설치했다는 점이다. 이는 특유의 둥근 포방패가 정면으로 온 적탄을 포방패 아래쪽으로 미끄러뜨려 탄이 상대적으로 약한 차체 상부로 뚫고 들어가는 숏 트랩 현상(Shot-Trap)을 방지하기 위한 자구책이었다. 판터 생산 초기부터 흡착식 대전차지뢰를 방지하기 위해 발랐던 찌메리트(zimmerit) 코팅 역시 1944년 9월 이후 폐지된 것 또한 외형의 변화를 가져왔다. 판터 G형 최후기형은 연합국뿐만 아니라 '생산성'이라는 또 다른 적과 맞서 싸워야 했지만, 아무리 생산 공정을 단순화하더라도 절대적인 수적 열세를 극복하기에는 너무 늦은 감이 있었다.

VAMPIR PANTHER
밤피어 판터

밤피어(Vampir: 흡혈귀)란 단어에서 연상할 수 있듯 야간 전투형 판터이다. 독일은 제2차 세계대전 발발 전부터 야간 투시장비 개발에 돌입했고, 1944년 적외선 야간 투시경을 세계 최초로 실전배치하게 된다. 기술은 초보적이었는데, 적외선을 직접 비춰서 반사돼 돌아오는 적외선을 전용 필터가 달린 렌즈로 잡아 가시광선으로 바꿔주는 형태였다. 야간 투시경 FG 1250이 판터에 장착된 건 1944년 말 G형이 생산될 무렵이었다. 이 야간 투시경의 성능은 맑은 날 600m 정도였다고 한다. 당시 적 전차의 사정거리를 생각한다면 실전에 충분히 사용할 만한 성능이었다. 독일군은 판터 전차와 함께 하노마그 장갑차, 보병이 장비한 StG 44에 모두 야간 투시경을 장착해 본격적인 야간전을 준비했으나 전황을 돌리기에는 너무 늦게 등장했다.

BERGEPANTHER
베르게판터

1943년 6월 D형 판터 12대를 개조해 간이 크레인을 단 것을 시작으로, 성채 작전(쿠르스크 전투) 실패와 함께 전장에 나가지도 못하고 주저앉았던 초기 D형 판터들이 베르게판터로 개조돼 다른 전차를 견인하는 데에 쓰였다. 베르게판터는 방어 무장으로 20mm KwK 38 L/55 포와 기관총 한 정을 탑재하고 있었으나 전시 상황에 맞춰 현지에서 개조된 경우 기관총 두 정만 탑재한 경우가 많았다. 전차는 사소한 결함에 의해서도 멈추곤 했는데, 이럴 때마다 전차를 전장에 버려둘 순 없었다. 그렇다고 이런 전차를 쉽게 견인할 수 있는 것도 아니었다. 중형전차라고는 하지만 중전차에 육박하는 중량을 자랑하던 판터는 물론, 처음부터 중전차인 티거 정도 되면 애초에 트럭 몇 대로는 끌어낼 도리가 없었다. 그렇다고 전시 작전에 투입되는 전차를 견인용으로 쓰기엔 곤란했기에 베르게판터와 같은 구난 전용 전차가 필요했던 셈이다.

QR코드를 스캔해
작가의 그림을
고해상도 이미지로
만나보세요!
단, 개인적 목적의
이용만 허용합니다.

JAGDPANTHER
야크트판터

5호전차의 차체에서 포탑을 떼어내고, 75mm 주포보다 대구경인 88mm KwK 43 L/71포를 장착했다. 티거 II에 장착한 포와 같다. 화력 면에선 기존 판터보다 한 수 위였다. 장갑판 두께가 전면 80mm에 측면 50mm로 판터와 크게 다르지는 않았으나 다른 판터들에 비해 경사 각도가 유난히 완만한 55도 경사각을 이루는 덕에 방어력을 한층 높일 수 있었다. 포탑을 포기했기 때문에 목표물을 조준하기 위해서는 몸체를 통째로 이동해야 하는 단점이 있었는데, 이로 말미암은 잦은 차체 이동은 구동계통에 큰 부담이 됐다. 이런 부담에도 불구하고 88mm KwK 43의 화력은 연합군의 거의 모든 전차들을 압도했다. 제2차 세계대전 중반 이후 독일 기갑부대는 대부분 방어전을 치러야 했다. 이런 상황에서 야크트판터는 가장 적합한 무기였다. 매복해 있다가 원거리 저격으로 연합군 전차를 격파해 나간 야크트판터는 공, 수, 주 3박자가 잘 어우러진 제2차 세계대전 최고의 구축전차로 평가받는다.

PANTHER Ausf. F
판터 F형

판터 전차 시리즈의 마지막 개량형. 개량의 가장 큰 주안점은 슈말투름(Schmalturm. 독일어로 '좁다'는 뜻) 포탑이라 불리는 신형포탑이다. 이 포탑에는 스테레오 식의 거리측정기가 탑재될 예정이었고, 주포는 75mm KwK 44/1 탑재가 결정되어 있었다. 포탑 전면이 120mm 20도 경사각으로, 포탑 측면이 45mm에서 60mm로, 포탑 상부가 16mm에서 40mm로 강화되었다. 포탑의 구조가 간단해지면서 생산성을 높일 수 있었지만, 이건 어디까지나 생산에 들어갔을 경우에 한정된다. 1945년 1월 슈말투름 포탑을 실은 G형 차체 한 대가 시제품으로 등장하였고, 독일 항복 직전인 1945년 4월 20일과 23일 사이에 F형 전차를 몇 대 완성했다는 소문이 있었으나 확인되지 않았다.

QR코드를 스캔해 작가의 그림을 고해상도 이미지로 만나보세요! 단, 개인적 목적의 이용만 허용합니다.

PANTHER II
판터 II

판터가 본격적으로 실전에 투입되기 전인 1943년 1월부터 판터의 방어력에 대한 문제가 거론됐다. 이때부터 판터의 장갑 강화에 대한 방안들이 논의되기 시작했고, 판터 II에 대한 구체적인 설계안들이 나왔다. 그러나 판터 II는 생산을 위해 기존의 판터 생산 라인을 완전히 뜯어 고쳐야 했기 때문에 개발 단계에서 취소된다. 판터 II를 이야기할 때 꼭 빠지지 않고 등장하는 것이 88mm KwK 43을 장착한 슈말투름(Schmalturm) 포탑이다. 여러 가지 개발안이 혼재되어 종전 직전까지 판터 II 개발에 대한 의견들이 나왔는데, 그중 하나가 88mm 포를 장착한 슈말투름 포탑 계획안이다. 판터 II를 둘러싼 이런저런 상상도와 이견(異見)이 나오는 건 판터 II가 만들어지지 않았기 때문이다.

4인 4색 판터를 말하다

청설모 / p.40

청설모 / p.41

유호선 / p.45

유호선 / p.48

문효섭 / p.46

박성규 / p.42

박성규 / p.43

박성규 / p.44

박성규 / p.47

〈판터 바리에이션〉 기획의 시작은 아주 단순했다. "4인의 작가가 각자의 판터를 그린다"였다. 서로 다른 작품과 세계관을 가진 작가들이 저마다의 시선으로 바라본 판터를 그린다면 어떤 느낌일까? 판터의 계보를 쫓아가는 제원과 이미지의 나열은 이미 충분히 많이 나와 있기에 우리 《헤드쿼터》까지 더얹을 무엇이 없었다.

그렇게 해서 4명의 작가들을 섭외했다. 국내에서 카 체이싱(car chasing)을 가장 잘 그린다는 평가를 받고 있는 청설모 작가, 밀리터리 '판'에서 이미 그 이름을 널리 알리고 있는 박성규 작가, 오프라인 공간에서 새로운 시도들을 보여줬던 유호선 작가, 국내 밀리터리 데포르메(déformer)로는 첫손가락으로 꼽히는 문효섭 작가를 찾아갔다. 그리고 '판터'를 맡겼다.

"당신들의 판터를 보여주세요"

이 글은 그들이 그려낸 판터에 대한 증언이다.

낯섦
청설모 작가

전장의 판터는 사진으로도 차고 넘친다. 그림이라면, 사진이 보여주지 못한 느낌을 전달해야 의미가 있다고 봤다. 그래서 배경을 바꾸기로 했다. 도시 한가운데의 판터. 그리고 그걸 막아선 경찰은 이 낯섦을 전달하기 위해 생각해 낸 것이다.

정석
박성규 작가

그림을 그릴 때 가장 곤혹스러울 때가 대상이 구체적으로 어떤 모양인지 모를 때다. 판터 G형 최후기형이 기억나는데… 의뢰 내용이 '찌메리트 코팅'을 하고 있는 형태의 G형 최후기형을 그려달라는 것이었다! G형 최후기형이 찌메리트 코팅을 한 자료를 찾기 위해 온갖 자료를 다 뒤졌다. 결국 한 장의 사진을 확인할 수 있었는데, 정측면 모습(이게 확실한 G형 최후기형인지 분간은 안 가지만… 아마 아닐거야. 의뢰한 사람이 나쁜 사람이야.)뿐이었다. 결국 G형의 찌메리트 코팅 패턴을 그렸다. 밤피어 판터의 경우 현대 배경으로 한 번 시도해 보는 게 어떠냐는 제안을 듣고, 처음으로 떠올린 이미지가 눈 내리는 도시의 야경을 배경으로 한 밤피어 판터였다. 그 첫 이미지 그대로를 옮겨놨을 뿐이다.

정중동
유호선 작가

베르게판터는 한바탕 전투가 휩쓸고 지나간 자리에서 야간작업을 하는 독일군을 담담한 느낌으로 표현하고 싶었다. 반면에 판터 II의 경우는 가상의 전차를 끌어내 수많은 전투가 벌어졌던 전장에 던져 놓은… 조금 거친 느낌에 중점을 두고 작업했다.

회상
문효섭 작가

야크트판터 특유의 각진 전면부를 표현하는 데 주안점을 뒀다. 여기에 역동성을 얹어줬다. 특별한 이유나 목적이 아니면 그림을 잘 그리지 않는 나로선 기대가 됐다. 제2차 세계대전은 나 같은 밀리터리 마니아이자 크리에이터들에겐 소재의 용광로가 아닌가 싶다.

각자의 색깔로 각자의 판터를 그려준 4명의 작가들에게 지면을 빌어 감사의 인사를 전한다. 그들의 건승을 기원한다.

ARTICLE 04 · 야크트판터 · 글. 이성주 × 그림. 문효섭

나는 왜 야크트판터를 좋아하는가

jagdpanther

넷츠고가 처음 문을 열었을 때다. 첫 문장에서부터 연식이 나온다. 아이디를 만들어야 하는데, 머릿속에는 하나의 단어밖에 없었다. 《jagdpanther(야크트판터)》. 물론, 너무나 당연하게 이걸 가져간 사람은 따로 있었고, 난 여기에 숫자를 붙여야 했다. 다음(DAUM)이 열렸을 때는 상대방의 질문이 귀찮다는 이유로 여기서 'h'하나를 뺐다. 네이버도, 지금은 사라진 프리첼과 지메일에서도 아이디는 jagdpanther였다. 지메일에서는 panther란 아이디도 하나 있다.

이게 무슨 뜻이냐? 이해하기 어렵다! d 다음에 p냐? 등등의 반응 때문에 다른 계정으로 하나 파 놓은 아이디가 《Hetzer(헤처)》다. 숫자 조합이 이어지긴 하지만, 근 20여 년째, 아니 PC통신 시절까지 거슬러 올라가면 근 30년 가까이 난 《jagdpanther》 혹은 《Hetzer》를 고집했다. 이 정도 되니 이 아이디를 둘러싼 수많은 이야기가 오가게 됐다. 뭐라고 해야 할까? 야크트판터까지는 주변인들, 그러니까 이쪽 방면의 주변인들도 나름 수긍하는 분위기였다. 판터 시리즈 중 가장 성공한 파생형이고, 2차 대전 최고의 구축전차로 불리는 존재, 생긴 것도 나쁘지 않았고, 연식 좀 되는 이들에게는 롬멜 습격포의 추억도 있다. 이 모든 것들의 총합은, **"취향 존중"**이었다. 그러나 헤처란 이름이 거론되면서, 이쪽에 대한 지식이 있는 사람들이 내 '성향' 분석을 하기 시작한 거다('혈액형으로 본 성격', '별자리 운세' 그런 느낌이랄까? 혈액형보다는 MBTI에 훨씬 더 가까운, 뭔가 더 근거가 있고 정밀한 분석 같다는 느낌이다).

① "구축전차를 좋아한다는 건 능동적인 삶을 포기하고, 수동적이고 피동적인 삶을 추구하는 너의 삶을 대변하고 있다"→ 삶을 돌이켜 보건대 능동적으로 뭔가를 이끌기보다는 끌려다니는 삶을 살았던 것 같다.

② "야크트판터까지는 이해하겠지만, 헤처를 좋아한다는 건 가성비만을 따지는 실용주의 성격이 표출된 거다. 한마디로 낭만이나 감성이 부족하단 의미다"→ 좋아하는 총은 PPS-43, 좋아하는 포는 81mm 박격포. V-2보다 V-1을 훨씬 더 좋아한다. 역시 가성비다. 인정한다.

③ "주제에 맞지 않게 큰 걸 달고 다니다 보니 다리에 문제가 생겼다. 현실을 도외시하고 헛된 꿈을 꾸고 있는 게 아닌가?"→ 원래부터 큰 걸 달려고 준비한 거다. 그리고 포탑을 버렸으면, 뭐라도 하나 얻어야 하는 게 아닌가? 헛된 꿈이 아니라 정당한 보상을 요구한 거다!

대충 이런 이야기를 들어왔다. 구축전차를 좋아하는 게 이렇게 큰 죄를 짓는 건지 몰랐다. 이 불편한 오해(!?)들에 대해서 하나씩 해명 아니, 변명을 해 보려 한다.

● **능동적인 삶을 포기한 게 구축전차인가?**

1945년 봄, 미육군탄도학연구소(US. Army's Balistics Research Lab)에서 미군 제3, 제4기갑사단이 1944년 8월부터 12월까지 치른 총 131회의 전차전을 분석했다. 총 교전 횟수를 100으로 놓고 봤을 때 방어 측 전차가 선공을 가한 경우가 84회였다. 이때 교환비는 매복공격을 한 독일군 전차 1대에 미국 전차 4.3대였다. 반대로 공격 측이 선공을 가한 경우의 교환비는 미국 전차 1대에 독일 전차 3.4대의 교환비를 보였다. 즉, 전차전에서 가장 중요한 요소는 먼저 발견하고 먼저 쏘는 거다. 잘 매복해 있다 벼락같은 기습을 먹이는 쪽이 유리하다는 거다. 이건 어디까지나 서부전선의 교전 결과를 분석한 것이다. 이 결과가 모든 전차전을 설명할 수는 없다.

제2차 세계대전 중반 이후 독일 기갑부대는 대부분 방어전을 치러야 했다. 이런 상황에서 야크트판터는 가장 적합한 무기였다. 수동적인 게 아니라, 당시 상황에 부합한 올바른 선택이다. 물론, 포탑을 달면 좋다. 누가 좋은 걸 모르는가? 그런데 당시 독일 사정은 다들 알 것 아닌가? 동부전선에서는 소련군의 우라 돌격이, 서부전선에서는 연합군의 공중 폭격이 이어지는 상황에서 탱크 한 대라도 더 생산해 전장에 내보내야 하지 않겠는가? 당장 전차 한 대가 아쉬운 독일에게는 가뭄의 단비와도 같은 전차였다.

누군가 말하지 않았는가? **"포커는 들고 있는 카드로 싸우는 경기"**라고. 내가 쥔 패가 아무리 좋지 않더라도 이 카드로 싸워서 이겨야 한다. 그럼 그 안에서 방법을 찾아야 한다. 능동적인 삶을 포기한 게 아니라 이기기 위한 삶을 선택한 거다. 물론, 그 결과는…… 이하 생략한다.

● ● 가성비만 따지는 건가?

헤처도 그렇고, 야크트판터도 그렇고 대전 말기에 이르러선 미친 듯이 생산을 이어나갔다(헤처의 경우는 1년 동안 2,800여 대 이상 생산됐다). 차체에 포만 얹으면 되기에 포탑을 얹는 일반 전차에 비해 생산성이 높다. 포탑이 없기에 공세적인 작전을 펼치는 것이 어렵긴 하지만, 매복 위주의 전투라면 충분히 사용할 수 있다. 그리고 포탑을 없앤 대신 한 체급 위의 포를 얹었다.

> "그 상자들에는 포탑이 없었다. (중략) 다른 관점에서 보면, 강철의 거인에게는 88mm라는 뛰어난 주포가 들어 있는 또렷하고 낮은 실루엣이 있었다. 그 대포는 엄청난 관통력, 전설적인 사정거리, 그리고 매혹적인 명중 가능성을 지니고 있었다. 그 결과 우리는 전차에 포탑이 없다는 점을 금방 잊고 장점을 집중적으로 익혔다."
> : 헤르만 빅스 상사(Oberfeldwebel Hermann bix)의 증언

포탑이 달려 있지 않다는 게 물론 약점이지만, 헤르만 빅스 상사의 말처럼 다른 관점에서 장점도 많았다. 80mm 55도 각도의 전면 경사장갑과 100mm의 포방패로 이루어진 강인한 방어력과 거의 모든 연합군의 전차를 격파 가능한 강력한 88mm KwK 43의 화력은 포탑이 없다는 약점을 충분히 상쇄했다. 물론, 포의 가동각이 11도, 부양각이 -8도에서 +14도밖에 되지 않았기 때문에 표적을 조준하기 위해선 차체를 움직여야 한다는 단점이 있지만, 이건 태생적 한계이니 넘어가자.

야크트판터는 전황이 연합국으로 기운 1944년부터 본격적으로 생산돼 1년 조금 넘는 기간 동안 400여 대가 만들어진 게 고작이다. 그러나 그 존재감은 포탑이 달려 있는 판터 못지않았다. 아니, 생산수량이 적기 때문에 오히려 더 도드라져 보일 수도 있다. 앞에서 언급한 헤르만 빅스 상사가 지휘한 야크트판터 혼자서 16대의 소련군 전차를 격파했던 일화도 있고, 654 중구축 전차대대 소속의 야크트판터 3대가 영국군 처칠 전차 11대를 2분 동안 격파하고 후퇴했다. 이 와중에 영국군의 반격을 받아 2대의 야크트판터가 파손됐고, 승무원들이 전차를 버리고 탈출했던 이야기는 야크트판터를 둘러싼 일화들 중 가장 유명한 에피소드다.

가성비를 떠나서 야크트판터는 좋은 전차다. 익숙한 판터를 수령할 줄 알고 기다렸던 헤르만 빅스 상사는 야크트판터를 받고서 고민을 했다. 그러나 고민은 금방 끝났다. 이미 벌어진 일이고, 포탑이 없다는 단점 대신 장점에 주목했던 거다.

> "우리는 전차에 포탑이 없다는 점을 금방 잊고 장점을 집중적으로 익혔다"

분명 가성비가 좋은 건 사실이지만, 그 가성비를 높이기 위해서는 단점을 계속 들추는 게 아니라 장점에 집중한 후 가지고 있는 실력을 극대화 시키려는 노력이 필요하다. 이미 벌어진 일을 어쩌란 말인가? 개인적인 판단으로 볼 때, 야크트판터는 그런 전차다.

● ● ● 주제에 맞지 않게 큰 걸 달고 다니다 보니 다리에 문제가 생겼다

우선 원판이 되는 판터 전차 자체가 구동 계통의 신뢰성이 떨어진다. 이건 인정해야 한다. 판터 D형 탄생 시절부터 판터는 엔진과 변속기, 현가장치에 대한 문제가 계속 이어졌다. 이후 개선이 계속 이어졌지만 완전한 해결은 아니었다.

대전 중반 이후에 등장한 독일의 야수시리즈 전차들은 차체 전면에 있는 변속기 문제로 크든 작든 골치를 앓아야 했다. 그런데, 판터보다 1톤이나 더 무겁고, 판터보다 구경이 더 큰 88mm 포를 차체 전면에 떡하니 앉히고, 그 위에 넓은 전투실을 올리고 마지막으로 무거운 포방패까지 짊어져야 했던 야크트판터! 그 앞다리(!?)의 부담이 일반 판터보다 더 큰 건 자명해 보였다. 이런 상황에서 포탑 없이 조준하기 위해서 몸체까지 움직여야 했기에 포탑이 있는 판터보다 구동계통에 걸리는 하중은 더 클 수밖에 없었다. 이러다 보니 부품의 내구성이 약해졌고, 크고 작은 기계고장이 일어났다. 독일군도 이 사실을 알고 있었기에 개량에 나섰지만, 전쟁이 끝날 때까지 완벽하게 개선됐다고 말하긴 어려웠다.

이걸 야크트판터만의 문제라고 보긴 어렵다. 앞에서도 언급했지만, 원판이 되는 판터 역시 구동계통 문제에서는 자유로울 수 없었다는 걸 상기해야 한다. 역으로 생각해 본다면, 실질적인 개발기간이 겨우 1년 남짓이었다는 걸 생각하면 '문제'가 발생한 게 당연하다는 거다. 아니, 어쨌든 굴러가게 만든 것 자체가 대단하다고 할 수 있다. 그리고 시간을 좀 더 줬으면 판터의 구동계통 문제점을 해결했을지도 모른다.

처음부터 완벽할 순 없다. 시작하고, 차차 보완해 나가는 게 사람이 살아가는 이치다. 판터도 그렇고, 야크트판터도 그랬다. 주제에 맞지 않게 큰 걸 달았다고 하지만, 애초 계획 자체가 그랬고 75mm KwK 42 보다 높은 체급의 포는 88mm KwK 43 포였다.

부족한 건 시간이었지, 야크트판터의 존재는 아니었다. 차차 그렇게 채워나갔으면 좀 더 완벽해졌겠지만, 기다려줄 시간이 부족했던 거다.

야크트판터에 대한 개인적인 소회였다. 이메일 주소 때문에 이런 저런 이야기를 듣고 살았고, 또 이렇게 변명도 해 봤다. 중언부언 말이 많았지만, 결론은 간단하다. 야크트판터는 '선택과 집중'이었다. 버릴 건 버리고, 본질에 집중했다. 그 결과가 "2차 세계대전 최고의 구축전차"라는 타이틀이다. HQ

PICTORIAL 판터 파노라마
02

54   MILITARY MOOK   HEADQUARTER

ISSUE 1 PANTHER

MILITARY MOOK HEADQUARTER

ISSUE 1 PANTHER

MILITARY MOOK   HEADQUARTER

CHRONICLE 03　판터의 활약　　　　　　　　　　　　　　　　글. 우에스기

COURAGE

판터의 사라지는 전설 ─ 아라쿠르 전투

히틀러의 헛된 희망

아라쿠르 전투가 벌어진 9월 18일~29일 이전의 독일군 상황은 혼란 그 자체였다. 스스로 공백이라고 부를 정도로 서부전선 전체가 무너졌고 모든 부대가 총퇴각 중이었다. 아이젠하워, 몽고메리와 같은 연합군 수뇌부는 크리스마스 이전에 전쟁을 끝낼 수 있을 것으로 기대했다.

　　독일군은 노르망디 상륙 이후 2개월 만에 55,000명 전사, 339,000명 행불, 332,000명 부상이라는 피해를 입었다. 히틀러는 동부전선에서와 같이 무조건 사수를 외쳐 250,000명의 귀중한 병력이 주요 거점과 항구에 묶여 있었다. 서부전선에서 전투력을 가진 병력은 보병사단 13개, 기갑사단 3개, 기갑여단 2개가 고작이었다. 나머지는 연대만도 못한 전력이었고 7개 사단은 아예 해체되었다. 독일군도 피해를 제대로 파악하지 못해 정확하지는 않지만 프랑스 북부에 투입되었던 2,900대 이상의 전차와 돌격포가 완전히 사라졌다. 모젤 강 방어선 사수는 고사하고 독일군 군수산업의 모든 것인 루르와 자르까지 무인지경으로 길이 열린 판이었다.

　　절체절명의 위기에도 히틀러는 화려한 기동전 그리고 대역전의 꿈을 버리지 않았다. 8월 말, 국방군 최고사령부는 랑그흐 평원에서 랭스 방면으로 기갑부대를 투입해 미 3군의 노출된 측면을 공격해 궤멸시키고 G집단군을 안전하게 후퇴시킨다는 계획을 내놓았다. 상대적으로 전력이 온전한 G집단군의 1군과 19군으로 룩셈부르크에서 스위스로 이어지는 국경선을 방어할 수 있었다.

　　문제는 병력이었다. 동부전선과 서부전선 어디에서도 예비 병력이 없었다. 히틀러는 위험한 도박을 벌였다. 전차공장이 큰 피해를 입지 않아서 8월에만 1,688대 생산을 기록했는데, 히틀러는 뵈케 중기갑연대로 러시아군 전차 수백 대를 격파한 전과를 확대하기 위해 동부전선용 전차여단을 만들기로 했고, 7월에 101~110 기갑여단 10개가 새로 편성되었다. 8월에 편성된 111~113여단은 판터 1개 대대, 4호전차 1개 대대, 기갑척탄병 1개 연대로 웬만한 기갑사단과 맞먹는 병력이었다.

　　급히 편성된 부대는 심각한 결함이 있었다. 여단장은 휘하 지휘관을 철도선적장에서 처음 만났고 본부인원도 충원되지 않아서 작전 중 조율이 불가능했다. 58기갑군단장 발터 크뤼거도 고개를 저었던 사람 중 하나였다.

　　히틀러는 가칭 보주 반격작전을 제5기갑군에게 맡기고 3, 15, 17 SS기갑척탄병사단, 기갑여단 106, 107, 108을 중심으로 기갑교도사단, 11과 21기갑사단, 기갑여단 111, 112, 113이 지원하기로 했다. 또한 동부전선에서 그로스도이칠란트 기갑척탄병사단을 지휘하던 만토이펠을 불러들였다. 7월 20일의 암살위기에서 벗어난 히틀러는 일선 지휘관에 대한 불신이 대단했기 때문에 명령에 절대 복종하고 북아프리카와 동부전선의 대규모 기갑전에 경험이 많은 만토이펠이 적임자라고 생각했다. 만토이펠은 군단장을 건너뛰고 군사령관으로 승진했다.

만토이펠은 보주 반격에 무척 회의적이었지만 히틀러의 명령에 불복할 수 없었다. 하지만 히틀러는 바람과 달리 라인 강 방어선이 위협받고 반격집결지를 상실하자 그렇게 아껴 두었던 기갑여단을 차례차례 투입하기 시작했고 9월 8일, 메리전투에서 최정예 106기갑여단이 무의미하게 사라졌다. 9월 10일, 패튼의 3군이 패치의 7군과 전선을 연결시켜 G집단군의 퇴각로를 차단하자 112기갑여단을 급히 투입했지만 동페르 전투에서 궤멸되었다.

이제 패튼의 미 3군이 모젤 강을 건너 프랑크푸르트를 노리고 있었고 호지의 1군은 아헨 부근을 공격하고 있었다. 연합군이 노리는 루르 공업지대를 그대로 내주게 되면 철강과 석탄 생산량이 절반 이하로 떨어져서 내부에서 무너질 판이었다.

히틀러는 보주 반격을 포기하지 않고 북쪽 3군의 측면을 9월 12일부터 공격하라고 명령했지만 만토이펠의 병력은 최전선에 발목이 붙잡혀 있거나 간신히 편성을 마치고 이동 중이어서 9월 18일 류네빌르 전투부터 반격을 시작했다.

아라쿠르 전투 1차전

9월 15일, 미군이 류네빌르로 진입하려다가 15기갑척탄병사단의 선봉대에 밀려났고 이 소규모 전투를 시작으로 양측은 11일 동안 격전을 벌였다. 미군의 반격을 격퇴했다는 보고가 만토이펠에게는 마을을 점령했다고 보고되었고 만토이펠은 류네빌르로 접근 중이던 113기갑여단을 급히 미 4기갑사단 방향으로 돌렸다. 결국 111기갑여단과 15기갑척탄병사단만으로 공격하다가 미군이 증원되고 정확한 포격에 피해가 늘자 111기갑여단을 집결지로 불러들였다.

9월 19일, 사령부는 5전차군의 공격을 낭시에서 샤또쌀랑으로 변경했다. 553국민척탄병사단의 압박을 풀어주고 모젤 방어선을 복구한다는 계획이었다. 그러나 미 15군단은 손쉽게 모젤 강을 건넜고 만토이펠은 병력을 재편성했다. 그는 111기갑여단을 57기갑군단에 편성하여 113기갑여단과 함께 낭시를 공격하게 했다. 20일 오전 6시, 113기갑여단은 히틀러의 마지막 통첩에 111기갑여단의 합류를 기다리지 않고 서둘러 공격에 나서야 했다. 만토이펠은 공중 폭격과 미군의 무력정찰 때문에 미 4기갑사단이 57기갑군단과 낭시 사이에 있다는 것을 전혀 모르고 있었다.

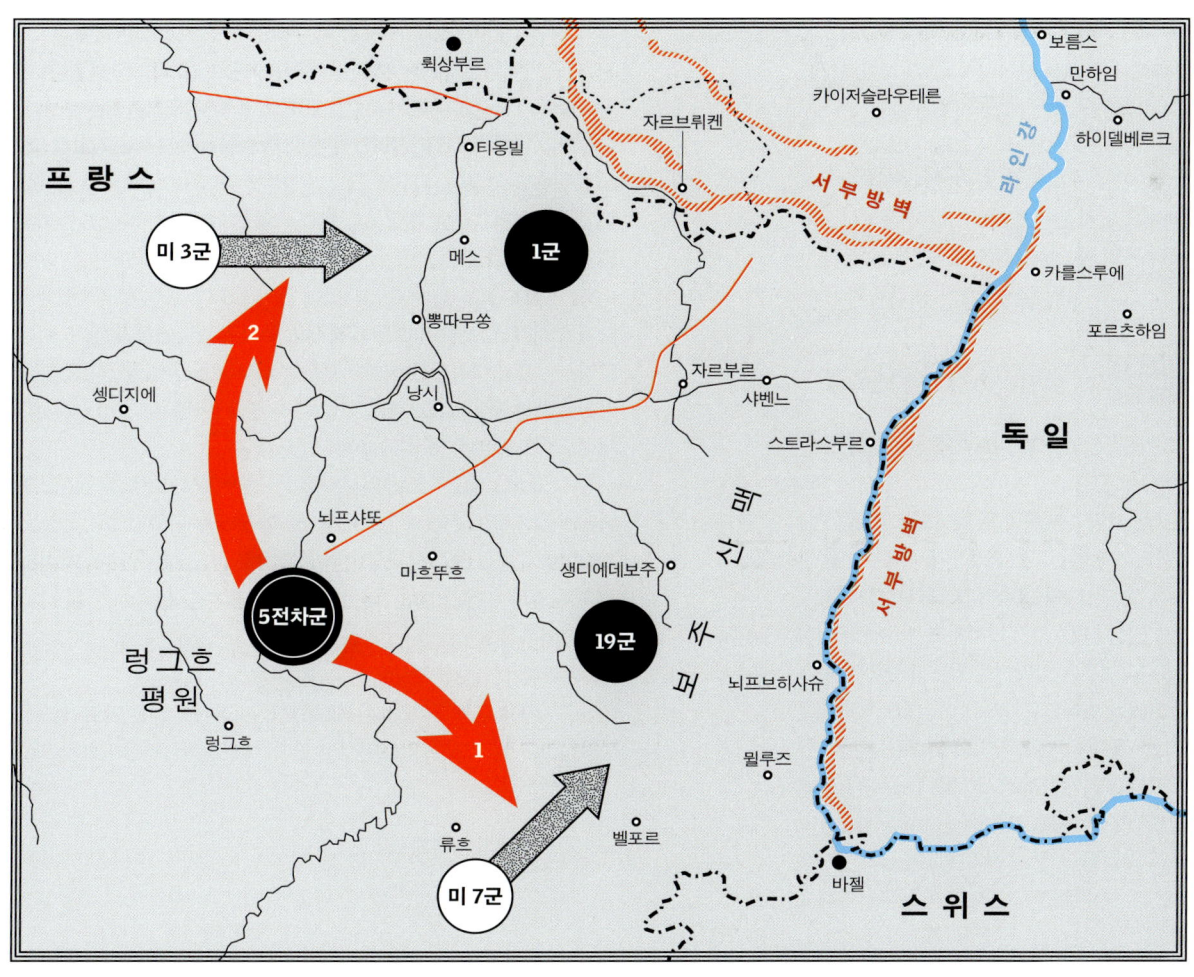

독일군의 야심찬 보주 반격작전. 5전차군을 렁그흐 평원에 집결시키고 대대적인 반격으로 측면이 노출된 미군에게 큰 피해를 입히고 1군과 19군을 구원한다는 계획이었다. 계획과 달리 미군의 빠른 진격으로 렁그흐 평원을 상실했고 귀중한 병력을 응급처치용으로 분산투입해 실패할 수밖에 없었다.

아라쿠르 전투는 짙은 안개 속에서 시작되었다. 4기갑사단 A전투단 감초소가 궤도 소리를 들어 포격을 요청했고, M5A1 경전차소대가 몽쿠르에서 113기갑여단의 반궤도 장갑차와 트럭을 격파하면서 본격적인 전투가 벌어졌다.

아라쿠르에 있던 A전투단 브루스 클라크 대령이 급히 M18 구축전차 4대를 언덕으로 올려보내자 숲속에서 독일 전차가 나타났다. 미군은 M18 한 대를 잃는 대신에 4호전차 5대를 파괴했다. 남은 3대는 안개가 옅은 언덕 위로 올라가 안개 속에서 접근하는 4호전차 4~5대를 다시 파괴했다. 때마침 관측항공기 바주카 찰리가 날고 있었다. 찰리는 우회하는 전차를 발견하고 바주카를 쏘아 위치를 알렸다.

이후 전투는 일방적이었다. 704구축전차대대 2소대는 M4전차의 우수한 기동력을 이용해 안개 속에서 독일 전차 대열의 전후방을 막으며 판터 12대를 격파했다. 남쪽에서 접근하던 111기갑여단 1개 중대도 기다리고 있던 M18의 매복에 걸려 전차 8대를 잃고 퇴각했다.

류네빌르에 있던 헌터 부대가 합류하자 아직 머뭇거리고 있는 독일 전차를 과감하게 공격했다. 약 400m 거리에서 벌어진 전차전에서 8대를 부수고 보병 100명을 죽였다. 손실은 겨우 3대였다.

113기갑여단은 병력 절반을 잃고 출발지로 되돌아갔다. 길을 잃은 111기갑여단은 전투가 끝난 후, 그것도 일부 병력만 도착했다. 첫날의 참담한 실패에도 불구하고 군사령부는 무조건 다시 공격하라는 명령을 내렸다.

3군은 최대 난관이었던 모젤 강을 무난하게 건넜다. 라인 강까지는 독일군이 없을 것이라고 낙관했기 때문에 대대적인 반격 계획에 대해 예상하지 못했고, 아라쿠르 전투에서 엄청난 전과를 올리고도 지역 차원의 반격 수준으로 받아들였다. 반면에 독일 5기갑군은 미군의 위치나 전력을 알지 못한 상태에서 동부전선식 기동전을 펼치다가 1개 기갑사단의 방어선도 뚫지 못하고 실패했다.

아라쿠르 전투 2차전

미국의 4기갑사단 A전투단은 예정된 진격을 위해 2개 전차대대, 2개 기갑보병대대, 3개 야전포대대로 증원되었고 독일 58전차군단의 전력을 능가했다. 군단장 크뤼거는 중전차만 따져도 200 대 45의 엄청난 전력 차이라며 공격을 취소해야 한다고 간청했지만 만토이펠에게는 선택권이 없었다. 전날 전투에 참가하지 못한 111기갑여단이 아라쿠르를 다시 공격하기로 했다. 실패하면 미군을 마른-라인 대전차포 방어선으로 유인하고 만신창이가 된 113기갑여단은 방어선을 지원하기로 했다.

A전투단은 37전차대대가 동쪽으로, 35전차대대는 서쪽으로 진격하기 시작했다. 오전 11시, 갑자기 111기갑여단 선봉전차대가 A전투단 끝의 155mm 견인포대대를 공격하기 시작했다. 전차와 포대의 영거리 포격전이 벌어졌고, 111기갑여단은 고폭탄에 전차 2대를 격파 당하자 그대로 물러났다. 포격 소음을 들은 35전차대대가 급히 달려와 퇴각하는 독일 전차를 요격했다. 58전차군단은 정찰 중에 판터 8대를 잃었다.

사단장 우드는 아라쿠르 일대에 강력한 독일 전차부대가 있다고 판단하고 진격을 취소하고 소탕전을 벌이기로 했다. 37전차대대와 10기갑보병대대는 방향을 바꿔 마른-라인 운하로 남하했다. 오전에는 독일군의 대전차 매복에 걸려 순식간에 5대를 잃었지만, 밤에 벌어진 전투에서 113기갑여단의 전차 16대를 격파하고 보병 257명을 죽였으며 80명을 포로로 잡아 오전의 빚을 단단히 되갚았다.

이제 58기갑군단의 전차는 180대에서 54대로 줄어들었다. 히틀러는 그렇게 공들여 편성한 전차여단이 계획과 달리 거꾸로 궤멸되었다는 보고에 분노했다. 히틀러는 G집단군 사령관 블라스코비츠에게 책임을 묻고 동부전선에서 발크를 불러들였다.

G집단군 사령관이 바뀌면서 5기갑군의 공격도 멈췄다. 발크는 1군의 11기갑사단이 도착할 때까지 기다렸다가 더 큰 규모로 공격을 재개하려고 했다. 11기갑사단은 G집단군이 8월 말에 포위망을 탈출할 때 후위를 맡아 막대한 피해를 입으면서도 임무를 완수했다. 9월 20일, 5군에 배속되었을 때에는 판터 10대와 4호전차 20대가 고작이었지만 전투경험이 풍부했고 사기가 높아서 가장 믿을 수 있는 전력이었다. 111기갑여단도 11기갑사단에 편제시켰지만 만신창이가 된 전차 30대가 고작이었고 수준은 여전히 한심스러웠다.

히틀러의 방어선 무조건 사수라는 편집증 때문에 독일군은 11기갑사단이 도착하지 않았는데도 9월 22일 오전에 다시 공격을 시작했다. 이번에는 111기갑여단이 북쪽 쥬블리즈 방면으로, 113기갑여단은 남쪽 레 방면으로 진격했다. 초반에는 모처럼 성공하는 것처럼 보였다. 외곽에 있던 37전차대대 M5A1 경전차 중대가 안개 속에서 갑자기 나타난 판터와 교전을 벌이다가 10대가 격파되거나 버려졌다. 기갑여단은 M4 셔먼 10대를 격파한 것으로 착각했다.

안개가 걷히면서 아라쿠르 전투에서 처음으로 P-47 전폭기가 나타났다. 111기갑여단은 피해를 무릅쓰고 쥬블리즈에 진입하는 데 성공했고 남쪽의 113기갑여단은 전투가 쥬블리즈에 집중되었기 때문에 레에 무혈 입성했다. 하지만 그것이 전부였다. 곧바로 포격이 쏟아졌고 공중에서 내려다보며 독일군 전차의 이동을 차단하는 미군의 방어를 뚫을 방법이 없었다.

111기갑여단은 쥬블리즈에 전차 11대와 트럭 8대의 잔해를 남기고 퇴각했다. 몸과 마음이 탈진한 데다가 눈앞에서 부대가 궤멸 당하자, 111기갑여단장 셸렌도르프는 일부러 장갑차에서 내려 미군의 기관총 세례를 받고 전사하는 군인의 최후를 선택했다. 113기갑여단장 제켄도르프도 P-47의 공습을 받고 전사했다.

9월 19일~22일 4일간 벌어진 전투에서 4기갑사단 A전투단은 M4 14대, M5A1 7대, 25명 전사, 88명 부상의 피해만으로 독일군 기갑여단 2개를 완전히 궤멸시키고 히틀러의 희망을 무참하게 꺾었다.

아라쿠르 전투의 끝

9월 말로 접어들면서 전선의 상황이 급변했다. 9월 15일, 연합군은 네덜란드에서 라인 강을 바로 건너가려는 마켓가든 작전을 시작했고 벨기에에서도 미 1군이 대대적인 공세에 나섰다. 패튼은 보급 우선순위에서 밀렸고 6기갑사단에 이어 15군단까지 내줘야 했기 때문에 방어태세로 전환했다.

서부 최고사령관 룬트슈테트는 로렌 전역의 남은 병력을 모두 북쪽으로 돌려달라고 요청했지만 히틀러는 발크의 증원 요청도, 룬트슈테트의 이동 요청도 모두 거절했다. 발크는 이런 상황변화를 알 방법이 없었고 11기갑사단의 합류를 기다리다가 24일, 5기갑군의 병력만으로 무의미한 공격에 다시 나섰다.

짙은 구름에도 불구하고 P-47 2개 편대가 저공비행하며 독일군 대열을 공습했고 설상가상으로 엄청난 포격이 쏟아졌다. 독일군은 21대의 전차, 800명의 사상자, 194명의 포로를 남기고 15분 만에 퇴각했다.

25일, 드디어 11기갑사단이 도착했고 만토이펠은 111기갑여단을 합쳐 신중하게 공격에 나섰지만 전차 10대와 300명을 잃고 퇴각했다. 4일간의 공격에서 5기갑군은 전차 36대, 사상자 1,000명과 행방불명 상당수의 큰 피해를 입었다. 29일, 발크는 룬트슈테트를 방문해 최소한 140대 이상의 전차 지원이 필요하다고 요청했다가 거절당했고 만토이펠은 밤 11시에 공격취소 명령을 받았다. 11기갑사단이 퇴각하면서 아라쿠르 전투가 막을 내렸다.

엇갈린 평가

동부전선에서 서부전선으로 전환한 기갑여단 7개 중에 1개는 마켓가든에, 2개는 아헨에, 나머지 4개가 패튼을 상대로 로렌 전역에 투입되었다.

서부전선의 독일군 전차 전력 수준 (1944년 9월 중순)

	판터	4호전차	돌격포	구축전차	합계
아른헴	52	2	14	46	114
아헨	83	20	37	27	167
로렌	202	142	35	11	390

로렌 전역 그리고 아라쿠르 전투를 심도 깊게 연구한 스티븐 잘로가는 패튼의 로렌 전역이 연합군의 라인 강 돌파에 결정적인 기여를 했다고 주장한다. 만약 몽고메리가 제안했듯이 패튼이 베르됭에 머물렀다면 히틀러는 4개 기갑여단을 고스란히, 그것도 제대로 조율된 상태로 유지한 채 반격할 수 있었을 것이라는 분석이다. 그의 주장대로 G집단군이 600대 이상의 전차를 축적했다면, 역사를 바꾸지는 못했더라도 연합군의 피해는 훨씬 컸을 것이다.

그리고 그는 아라쿠르 전투를 예로 들며 '판터 1대에 셔먼 5대의 교환비율'은 근거가 없는 일방적인 편견이며 미군 전차군, 구체적으로 셔먼에 대해 제대로 평가해야 한다고 주장했다. 다음 표와 같이 1944~45년 기간 동안의 미군과 독일군 전차전에 대해 제대로 분석한 자료가 없기 때문에 아라쿠르 전투 데이터가 중요한 가치를 가진다.

연합군 추정 독일군 전차 손실 (노르망디, 1944년 6월 6일~8월 12일)

	3호전차	4호전차	판터	티거	미확인	총계
제1 캐나다군	-	16	13	10	-	39
제2 영국군	12	211	249	122	260	854
제1 미군	-	82	34	27	52	195
총계	12	309	296	159	312	1,088

미 제1군은 1944년 7월에 2개 기갑사단을 배치하기 시작했고 코브라 작전(7월 24~31일)에서부터 본격적으로 독일군 전차부대와 전투를 시작했다. 그나마도 이미 전력이 바닥난 기갑교도사단, 2SS기갑사단, 17SS기갑척탄병사단을 상대했고 8월 초까지 소규모 전차전만 경험했다.

당시 전차전은 누가 먼저 발견하고 발사하고 맞추느냐가 관건이었기 때문에 그의 주장도 일리가 있다. 연합군이 상륙해 전선을 넓히는 동안은, 수세에 몰린 독일군 전차가 매복하고 있다가 부주의하게 접근하는 적전차를 저격하는 전개였고 대구경 장포신을 장착한 독일군 전차가 확실한 우위를 점할 수밖에 없었다.

판터와 셔먼의 교환비율은 독일군이 대대적인 반격에 나서면서 역전되었다. 독일군은 1944년 8월 7일 루티히 작전에서, 4개 기갑사단 전차(전차 120대, 돌격포 32대)를 동원해 미군의 선봉대를 공격했다. 미군은 독일군의 반격 정보를 암호 해독으로 이미 알고 있었고 모르탱 부근에서 벌어진 전투에서 독일군은 전차 69대를 잃었다. 그리고 아라쿠르 전투의 연장선인 쥬블리즈 전투에서는 8대의 셔먼이 25대 이상의 독일 전차를 상대했지만 단 한 명만 전사했을 뿐이었다.

실제 전장을 겪은 병기전문장교 쿠퍼의 의견은 정반대였다. 전투에서 손상을 입은 셔먼과 노획한 판터를 직접 조사했던 그는 판터가 압도적으로 우수했으며 패튼은 오히려 미국이 개발 완료한 중전차 투입을 반대해서 전차전에서 악전고투를 겪었다고 주장했다. 잘로가의 주장이 잘못되었다고 가정한다면, 셔먼은 아라쿠르 전투에서, 공군의 지원 없이 어떻게 일방적인 승리를 거뒀을까?

잘로가도 인정하고 있듯이 히틀러가 공들여 모은 기갑여단의 수준이 워낙 한심스러웠다. 거의 대부분이 신병이었고 정교한 판터를 겨우 며칠 운행한 뒤 실전에 투입되었다. 심지어 철도역 선적장에서 처음으로 판터를 만난 경우도 있었다. 미군이 연막탄을 발사하면 자신의 전차에서 나는 화재 연기인 줄 알고 탈출한 병사도 있고 전폭기의 기관총 세례만으로 공포에 질려 전차를 포기한 병사도 있었다. 그리고 이미 설명했듯이 병력이 계획대로 투입된 적이 없었다. 이런 저런 이유로 기갑여단이 모이지 못했고 조금씩, 그것도 정찰 없이 투입되었다.

당시 연합군과 독일군의 평가도 정반대였다. 히틀러가 아라쿠르 전투에서 몇 가지 귀중한 교훈을 얻었고 아르덴 반격에 적용한 반면에, 연합군최고사령부, 패튼과 심지어 대전과를 올린 4기갑사단 A전투단은 히틀러의 주력을 상대하고 있다는 사실을 몰랐다. 이전의 두 차례 반격작전은 미군이 암호 해독으로 그 내용을 상세하게 알고 있었지만 보주 반격작전은 대면보고와 전화통화로 진행되었기 때문에 전혀 노출되지 않았다. 패튼도 아라쿠르 전투를 독일의 국지적 반격 수준으로 가볍게 받아들였다.

제2차 세계대전 최대 전차전 중 하나였던 아라쿠르 전투는, 이렇게 보는 시각에 따라 극과 극으로 평가가 달라진다. HQ

REVIEW 영화 글. 조정수

〈켈리의 영웅들(Kelly's Heroes)〉에서 끝판왕은 티거(Tiger)였다. 티거가 얼마나 좋았던지 셔먼 전차장인 오드볼은 금괴를 주고 티거를 샀다. 〈라이언 일병 구하기〉에서도 끝판왕은 티거였다.

하늘에서 천사(P-51 Mustang)가 내려오기 전까지 티거는 공포의 대상이었다. 〈퓨리(Fury)〉에선 '진짜 호랑이'가 나왔다. 실제로 제2차 세계대전 때 생산된 티거를 전차박물관에서 끄집어 내 실감나게 굴렸다. 호랑이는 셔먼들을 학살했다. 그 와중에 판터는 배경으로, 좀 더 정확하게는 파괴된 모습으로 잠깐 등장했다. 판터는 어디서 찾아야 하는가?

자본주의의 노예 할리우드를 포기하고, 러시아 영화로 건너가 봤다. 이 정도면 '이 바닥' 사람들이 '호랑이'를 어떻게 생각하는지 알 수 있다 싶은 〈화이트 타이거〉 같은 심령물은 거르고, 〈T-34〉를 찾았다. 초반부터 분위기가 묘했다. '우리는 독일군의 진입을 막을 거예요.'라며 어머니에게 편지를 쓰는 전차장, 그때 깨달았어야 했다.

"이건 러시아 영화다."

국뽕보다 무섭다는 '소뽕(소련뽕)'이 가득한 영화. 조금만 더 들이켰다면 눈앞에 스탈린이 어른거릴 것 같았다. 그러나 때는 너무 늦었다. 극 후반 등장하는 판터 전차들 – 심지어 시가전 장면 때에는 밤피어 형도 나온다 – 은 T-34/85형에 판판이 깨진다. 야라레 메카도 이런 야라레 메카가 없다. '소뽕이 원래 그렇지'라며 마음을 다독이며, 애니메이션으로 가닥을 잡았다.

〈걸즈 & 판처 극장판〉으로 시선을 돌렸다. 2호전차를 타고 놀러나가는 두 자매 니시즈미 마호와 미호를 보면서 가슴 한편에서 따뜻한 그 무언가가 올라왔다. 아아 전차도는 사랑입니다. 대학 선발팀과의 경기 직전 언니인 마호가 티거 시리즈와 판터 G형을 몰고 등장했을 땐 눈물이 핑 돌았다.

"독일엔 표범도 있다는 걸 보여줘!"

딱 거기까지였다. 203고지를 점령한 직후 600mm 자주박격포 칼의 포격이 떨어지고, 판터 G는 거북이처럼 뒤집힌다. 궁금했다. 판터는 왜 이렇게 인기가 없는 걸까? 티거 관련 책자를 검색해 보면, 고바야시 모토후미의 역작 〈강철의 사신〉부터 얼마 전 작고하신 호랑이 약국 사장님 오토 카리우스 옹의 〈진흙 속의 호랑이〉까지 입맛대로 찾을 수 있는데, 판터는 잘 찾아봐야 타지가와 세이호우의 〈환영의 표범〉이나 고바야시 모토후미의 〈흑기사 이야기〉에 잠깐 언급되는 정도다. 판터는 왜 야라레 메카가 된 걸까?

독일 전차의 스타일을 완성한 게 4호전차이고, 개전부터 종전까지 끝까지 활약했던 것도 4호전차다. 파생형까지 합치면 1만 3천 대 이상 만들어진 실질적인 독일 전차의 주력이다.

그럼 6호전차 티거는? 파생형과 모든 시리즈를 더해도 1,800대 남짓이지만… 역시나 그 임팩트가 너무 컸다. 한마디로 무쌍(無雙)을 찍은 거다. 압도적인 퍼포먼스, 쿠르트 크니스펠, 미하일 비트만, 오토 카리우스 등등 이름만 들어도 알만한 에이스들의 화려한 전과와 스토리는 보는 이들의 마음을 요동치게 한다.

그렇다면 5호는? 내 개인적인 생각이지만, "언니와 막내 사이에 끼인 둘째"란 느낌이다. 4호는 독일군 전차의 스타일을 완성했고, 6호는 이 스타일에 무적이란 왕관을 올렸다. 물론 티거 I에 한해서 말이다.[2]

니시즈미 마호와 미호 사이에 자매가 한 명 더 있었다면 분명 5호전차 판터를 몰았을 거다. 4호, 5호, 6호 딱 맞아떨어지지 않겠는가? 흔히 판터를 제2차 세계대전 당시 활약한 전차 중 공·수·주 3박자가 가장 잘 맞아떨어진 전차이자 대전 후반기 독일군의 주력 전차라고 말한다. 그렇지만, 2020년 현재 판터의 위상을 냉정히 평가하자면 –

"나는 야라레 메카가 아니야!"

를 외치는 것이 현실이다. 어쩌다보니 5호전차에 대한 변명으로 끝이 났다. (HQ)

야라레 메카[1] ── 판터

1
야라레 메카: 야라레루(やられる: 경기 따위에서 지다, 당하다) + メカ(메카: 로봇, 기계) = 일방적으로 당하는 로봇

2
티거 II는 무적이란 이미지는 있지만, 어딘지 족보가 꼬인 듯 보여서 말이다. 개인적인 느낌이다. 역시나 티거 I이 독일 전차 혈통의 적자다!

| FICTION | 소설 | | 글. 이성주 × 그림. 장우롱 |

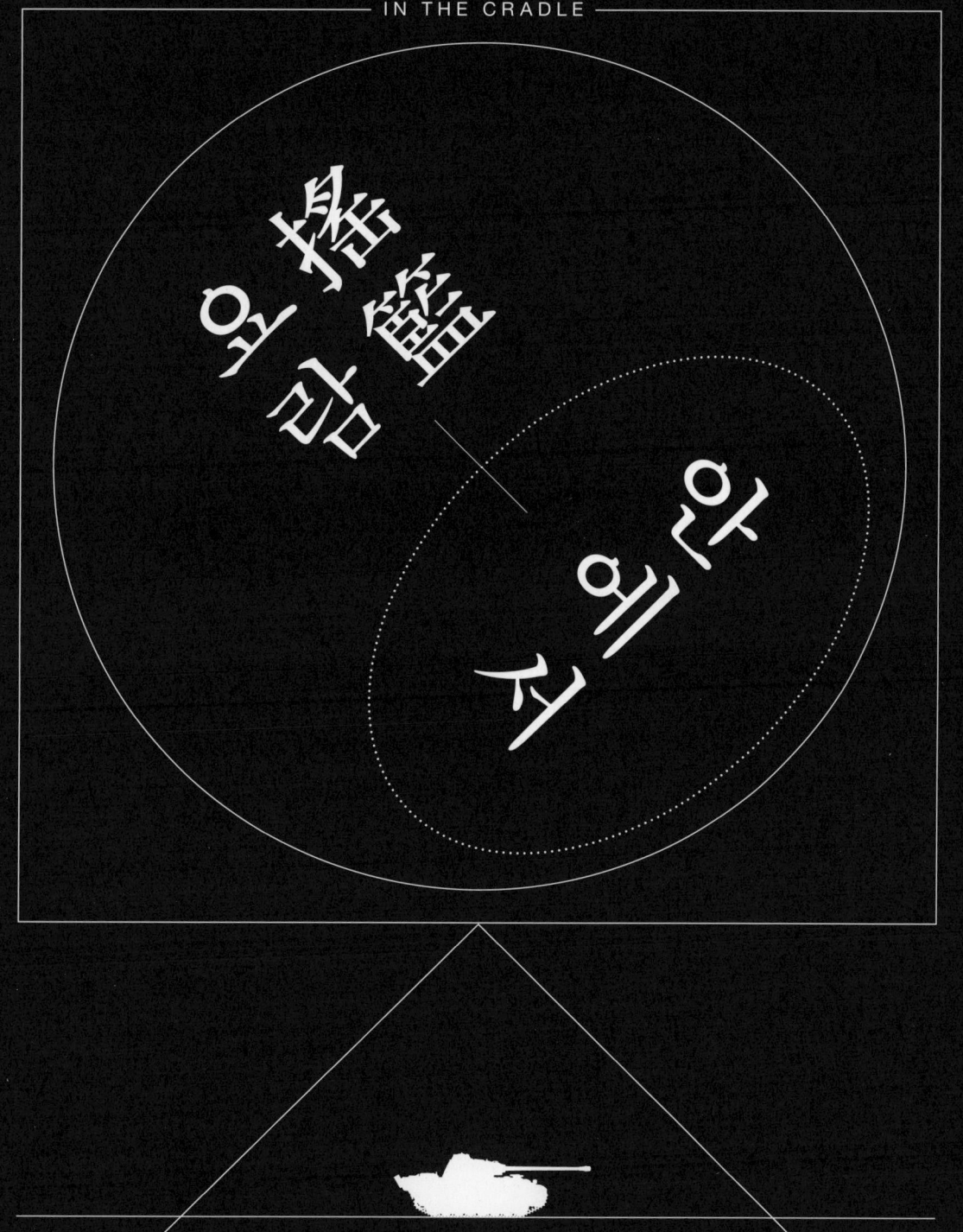

IN THE CRADLE

요람에서

ISSUE 1   PANTHER

기계적이다. 아니, 창의성이라곤 손톱만큼도 없다고 해야 할까? 로켓포와 중포, 박격포 세례가 한바탕 휩쓸고 지나가면, 스탈린[1]이 꾸역꾸역 밀고 들어온다.

"쉬르첸[2]을 벗고 침대[3]를 없고 다니는군. 급하긴 급했나 봐."

등 뒤에서 들리는 물기 없는 목소리. 전차장이다. 중의적이라고 해야 할까? 어디에 본의가 있을까? 전차장이 말한 본의는 '벗고'에 방점이 찍혀있는 것 같다. 장전수인 필립이 '큭' 하는 불편한 신음을 토해냈다. 진지한 녀석 같으니라고. 녀석도 딴죽을 걸 순 없을 거다. 전차장의 말에 틀린 구석은 없다. 스탈린에 쉬르첸은 없었고, 대신 여기저기에 침대 매트리스가 붙어 있었다. 캐노피로 보이는 하얀 레이스를 보면 전차장의 '의도'된 발언이 적확한 표현이란 생각까지 든다. 그리고 이 레이스를 쫓아 달려드는 이반들. '여자 냄새에 굶주린 한 무리의 보병들이 레이스를 쫓아가고 있다.'라는 표현을 해도 전혀 과하지가 않을 모양새다. 포탄의 비 다음엔 전차의 파도. 그 다음은 무너지는 보병의 포말(泡沫)이라고 해야 할까?

벌써 세 번째다. 브란덴부르크 문을 거쳐 제국의회 의사당으로 향하는 이반의 행렬. 이번엔 레이스와 침대가 엮여 들어가 비장한 분위기와 달리 우스꽝스런 상황이 연출됐다. 사주경계를 하고 있지만, 옆구리는 그대로 노출되어 있었다. 철갑탄 한 발 먹여주고, 보병들은 공축기관총으로 쓸어버리면? 보병들이 없더라도 해볼 만하다. 마음이 거기까지 가자 심장은 요동쳤고, 손은 바빠지기 시작했다.

조심스레 레인지 침을 움직이기 시작했다. 스탈린의 옆구리에 쐐기 뿔을 올려놓는다. 이제는 익숙해질 만도 한데, TzF12a 단안식 조준기는 영 거슬린다. 교도대(敎導隊)에서는 판터 D형으로 교육을 받았다. 이때는 TzF12 쌍안식 조준경이었으나, 전장에서 타게 된 A형이나 G형에는 단안식 TzF12a가 달려 있었다.

"슈페어[4]가 예산 삭감한다고 눈 하나를 뽑았다."

휘르트겐에서 전사했던 전차장이 했던 말이다. 이제 이름도 가물가물하다. 전차장의 이름도, 전차장이 내뱉었던 이가 슈페어인지, 구데리안[5]인지도 말이다. 이때 전차장의 왼발에 힘이 들어가는 게 느껴진다. 얀이라고 했던가? 손발을 맞춰본 지 이틀 된 전차장이지만, 감이 좋다. 인간적으로 신뢰할 수 있느냐는 별개의 문제다. 중년 남자가 두 다리를 벌린 채 내 등 뒤에 딱 달라붙어 있다. 전차장의 왼쪽 다리가 내 왼팔에 닿아 있고, 그의 숨소리는 내 귓가를 울린다. 다른 의미로 상당히 위험한 모습이다.

"거리 400…."

인간적으론 모르겠지만, 감은 좋다. 레티컬에 스탈린을 살짝 올려놓았는데…

---

[1] IS-2 스탈린 중전차: 스탈린의 이름을 딴 소련의 중전차.

[2] 쉬르첸(Schürzen): 독일 전차의 측면에 설치했던 증가장갑. 앞치마를 뜻하는 쉬르체(Schürze)의 복수형.

[3] 침대: 소련군 전차들이 베를린 진격 당시 독일군의 성형작약탄(대표적으로 판처파우스트를 들 수 있겠다)을 막기 위해 침대 매트리스 같은 걸 둘러쳤다.

[4] 알베르트 슈페어(Albert Speer): 독일의 건축가. 히틀러의 눈에 띄어 군수장관에 발탁된다. 독일의 복잡하고 난잡한 군수체계를 정비해 생산성을 높였다.

[5] 하인츠 빌헬름 구데리안(Heinz Wilhelm Guderian): 독일 기갑부대의 아버지라 불리는 인물. 모스크바 공방전 당시 히틀러에게 철군을 말했다가 예비역으로 밀려난다. 이후 야인으로 살다가 1943년 3월 기갑총감으로 복귀한다. 이후 기갑부대 편성과 훈련, 전차의 설계와 생산을 감독한다.

스탈린의 포탑이 불을 뿜으며 날아올랐다. 포탑은 아름다운 호를 그리며 멀리 사라졌다. 조준경 가득 포탑이 들어찼다. 이럴 땐 포수용 페리스코프[6]가 없는 게 아쉽다. 조준경 시야를 벗어나면 어쩌란 말인가? 나도 모르게 고개를 돌리는데, 보이는 건 전차장의 다리 사이의 무엇이다. 역시나 다른 의미로 위험하다!

"호랑이[7]입니까?"

필립이다. 좋은 말로 말하면 순수한 거고, 나쁘게 말하자면 속이 훤히 보이는 놈이다. 궁금한 것, 원하는 것은 말하고 보는 놈이다. 다행히 판터의 폐쇄기[8]가 높이 달려 망정이지, 그 녀석 얼굴을 계속 본다는 건 고문이었을 거다. 설계자에게 영광을!

"동물원"

승강구 레버를 돌리는 쇠 긁는 소리와 전차장의 물기 없는 목소리가 묘한 공명을 일으킨다. 이 공명은 내게는 안도감을, 필립에겐 불만으로 다가올 거다. 내가 안도감을 느끼는 건 이제 고개를 돌려도 전차장의 사타구니가 아니라 가슴과 마주할 거란 사실 때문이었고, 필립의 불만은 아군 전차부대 안부에 관계된 걸 거다.

"호랑이가 당한 겁니까?"

"안심해. 두 번째 공격 후에 진지변환을 한 걸 거야. 503[9]이면, 이런 일은 숱하게 겪어본 애들이야. 그리고…."

전차장이 들고 있던 쌍안경으로 포탑 뒷부분을 두드린다.

"동물원의 사거리를 알고 움직이고 있어."

동물원… 제국의회 의사당을 둘러싼 이 말도 안 되는 전투를 여기까지 끌고 올 수 있었던 힘이다. 베를린 동물원 자리에 설치된 대공포탑이라, 동물원 대공포탑(Flakturm Tiergarten)이라 부르고 있다. 이름은 친근하지만, 모양새나 가지고 있는 화력은 전혀 친근하지 않다. 영도자 양반께서 토미[10]의 베를린 공습을 보고 열 받아서 만들었다는데, 얼마나 열 받았는지는 모양만 봐도 알 수 있었다. 이건 대공포탑이 아니라 성이다, 성. 철근 콘크리트를 처바른 고층빌딩에 수많은 대공화기를 구경 별로 박아넣었다. 그중에 최고는 역시나 12.8cm FlaK 2연장포 4문이다. 동서남북 4군데를 정확히 노리는 이 녀석들은 티어가르텐[11] 이곳저곳, 사거리 닿는 대로, 마음 내키는 대로 포탄을 날려주고 있다. 덕분에 아군들이 방어선을 유지하는 데 큰 도움이 됐고, 이반 놈들은 동물원 대공포탑을 피해 우회해야 했다. 레이스에 혼이 팔린 이반 놈들이 동물원의 위험성을 잠깐 잊어먹은 것 같다. - 아, 그리고 보니 진짜 동물원은 어떻게 됐을까? 아니, 그 동물원에 있던

6
페리스코프(Periscope): 잠망경.

7
호랑이: 6호전차 티거(Tiger, 호랑이)를 의미한다. 호랑이라는 이름답게 2차 대전 내내 연합군 병사들에겐 공포의 대상이었다.

8
폐쇄기: 포를 발사할 때 생기는 고온고압을 막아주는 장치. 판터의 경우는 포수의 머리 위 높이에 폐쇄기가 달려 있다.

9
503: SS 503 중전차대대. 베를린 전투 당시 티거 II로 편제. 베를린 시내 이곳저곳에서 분전했다.

10
토미(Tommy): 영국군에 대한 멸칭.

11
티어가르텐(Tiergarten): 베를린 중심부의 광대한 공원.

사자며 호랑이며 코끼리들은 다 어디로 간 거지? –

되도 않는 이 망상을 끊어준 건 역시나 필립이었다. 폐쇄기 때문에 얼굴은 보이지 않지만, 필립의 뚱한 표정이 그려진다.

"언제까지 여기 있어야 하는 겁니까?"

1시간 전에도 이와 비슷한 말을 들었던 것 같다. 필립의 말을 부연하자면, 아니 정확한 의미를 전달하자면,

"우리 언제 전차에서 나갑니까?"

가 될 거다. 이미 우리 전차는 전투불능이다. 엔진은 소화액으로 뒤범벅이고, 포탄은 다 떨어졌다. 오른쪽 궤도도 떨어져 나간 상태다. 설령 전차가 멀쩡하다 해도 온전한 전투력을 발휘하긴 어려울 거다. 왜? 조종수와 무전수가 죽었다. – 최초 피탄됐을 때 다니엘이었던가? 아… 다니엘은 아헨에서 죽었는데 – 여하튼 조종수가 최초 피탄으로 죽었다, 뒤를 쫓아 무전수가 전차에서 빠져나오다 당했다. 무전수는 이름도 기억나지 않는다. 그리고 3시간이 흘렀다.

"베를린이 포위됐을 때 이미 전투의 성격이 바뀌었어. 이반 놈들 지금 소탕전을 벌이고 있어. 구역 하나하나 점령해 나가고 있는 거 봐서 알잖아?"

"그러니까 더더욱 싸워야죠! 아군들은 밖에서 결사적으로 싸우고 있습니다!"

"나가서 뭐하게?"

"나가서 아군과 합류해야죠!"

전차장의 한숨이 내 귓가를 파고들었다.

"저 운 좋은 펠릭스(Felix)랑 행운아 벤(Ben) [12] 도 너 같은 생각을 했던 걸까?"

조종수와 무전수의 이름을 알게 됐다. – 미안 펠릭스, 미안 벤 –

"교차점에 이반 놈들이 대기하고 있어."

"그걸 어떻게 압니까?"

"여자들 비명소리. 운터 덴 린덴(Unter den Linden)의 카페테라스에서 커피잔을 만지작거리던 여자들이 이제 이반의 물건을 만지작거려야 할 거야."

"……"

"정 나가고 싶으면, 해가 지면 나가. 아니면…"

"비겁합니다! 전우들이 죽어나가는 이 상황에… 당신은 이렇게 살아남은 겁니까?"

역시 필립이다. 원하는 건 말하고 보는 놈. 좁은 포탑 안을 더 비좁게 만드는 놈이다. 어색한 공기, 둘 곳 없는 시선, 등 뒤에서 뭔가 부스럭거리는 소리가 들린다. 뒤이어 부싯돌이 튕기는 소리. 시야가 흐려진다. 전차장이 담배연기를 내뿜었다.

---

[12] Felix(펠릭스)의 어원은 행운, 벤(Ben)의 어원은 행운의 아들.

"목덜미로 불똥이 떨어지진 않을 거야."

다시 말하지만, 인간적으론 신뢰가 가지 않는 전차장이다.

"2년 전쯤 일이었지. 상황이 지금이랑 비슷하다고 해야 할까? 온 사방에 이반이었어. 뭐 수송기는 날아왔으니 지금보단 상황이 좋았다고 해야 할까? 그런데, 높은 분 중 한 명이 상황을 비관했던 거야. 이대로 가다간 포로로 잡힐 거 같다고, 잡히면 온갖 험한 꼴 당할 게 분명해 보였어. 그동안 우리가 한 게 있으니까… 이 사람이 부관을 불러. 그리고 마지막 명령을 내려. 빳빳한 장군복을 준비하라고."

2년 전의 포위?

"바지 옆선에 장군용 줄무늬가 있고, 빳빳한 붉은 칼라 탭이 선명한 장군 군복을 입고 이 남자가 철길 제방 위로 올라간 거야. 우리 쪽 병사들이 놀라서 쳐다봤지. 빨리 내려오라고 소리 질렀지만, 이 남자는 무시했어. 이반 놈들도 이 상황이 도무지 이해가 안 갔던 것 같아. 한 동안 멍하니 바라본 거야. 생각해 봐, 붉은 탭이라고! 이 남자는 뭔가 생각대로 진행되지 않아서 조급해지기 시작했어. 철길 위를 계속 왔다갔다 하며 손짓 발짓을 해. 이반 놈들도 우리도 그냥 멍하니 바라볼 뿐이야. 그제야 이 남자도 체념한 듯 고개를 떨어뜨리고 눈을 감았는데… 탕!"

전차장의 말에 움찔 고개가 돌아갔다. 전차장은 웃고 있었다.

"이반 놈들이 쏜 거야. 이 남자가 누군지 아나? 제71보병사단장 폰 하르트만 장군이었어."

"71보병사단이면… 동부전선입니까?"

"제6군 소속으로 스탈린그라드에서 녹아버렸지."

스탈린그라드란 말이 나오자 필립의 입이 다물어졌다. 전차장은 품에서 뭔가를 꺼냈다. 전차돌격장[13]이다. '25'라는 숫자가 선명하게 찍혀 있는 은색의 돌격장. 나도 모르게 휘파람이 나왔다. 전차장은 돌격장을 필립에게 던지듯 건넨다.

자신이 비겁하지 않다는 증거로서 전차돌격장만한 건 없겠지. 필립의 표정은 보이지 않지만, 아마 기쁜 표정은 아닐 거다.

"이 이야기의 교훈은 죽을 작정이라면, 최대한 멋지게 하고 나가란 거야. 그래야 나 같은 놈이라도 기억해서 이야기를 전달할 거 아냐? 죽을 작정이면 전차돌격장이든, 전상장이든 덕지덕지 달고 나가. 기꺼이 빌려주지. 그런데… 죽을 게 아니라면 조금 더 기다려. 해도 곧 넘어가."

장전수 의자가 푹 꺼지는 소리가 들린다. 전차장의 확인사살로 필립도 한풀 꺾인 듯하다. 문제는 이 거북한 분위기다.

13
전차돌격장(Tank Assault Badge): 전차전에 출격한 전차병에게 수여한 휘장. 3회, 25회, 75회, 100회 등등 횟수에 따라 모양과 재질이 달랐다.

"전차장님… 71보병사단에서 복무하셨습니까?"

"아니, 16기갑사단에 있었지. 스탈린그라드에 최초로 밀고 들어간 게 우리였어. 뭐 이런저런 사연이 있지만, 그 후로 계속 동부전선에서만 있었지. 자네는?"

"저는 서부에서만 있었습니다. 노르망디, 아헨, 휘르트겐[14] 까지 계속 양키들만 봐왔습니다."

"양키랑 이반 중에 상대하기 수월한 쪽이 어딘가?"

물어볼 것도 없다.

"양키입니다."

"왜인지 물어봐도 되나?"

"베를린 사람들이 미군한테 항복하겠다는 걸 보면 알 수 있지 않습니까?"

"패배주의적인 발언입니다!"

필립이 목소리로 얼굴 표정을 보여줬다.

"이 친구는 토텐코프나 다스라이히[15] 로 갔어야 했는데, 잘못해서 국방군으로 온 거 같은데?"

"저는 독일민족의 부름에 응해서…"

"그 부름에 언제 응했는데?"

전차장의 말에 필립이 들릴 듯 말 듯 뭔가를 웅얼거린다. 소련군이 밀려들어올 때 급하게 징병됐을 거다. 아니, 군인이 아닐지도 모른다. 괴벨스가 여기저기서 끌어 모은 국민돌격대일 수도 있다. 우리 모두 이틀 전에 만난 게 아닌가? 필립은 군인수첩이 없을지도 모른다. 선전 영화나 라디오에서 떠드는 말로 전쟁을 배운 게 확실하다. 아직 '전우'를 찾고, '패배주의' 따위의 말을 입에 올리는 걸 보면, 전장에 나서 본 적이 없는 게 분명하다.

"패배주의라… 이 전쟁은 이미 졌어."

"그걸 어떻게 단정하죠?"

전차장이 피식 웃더니 포탑을 살짝 두들긴다.

"이거 판터 A형이잖아?"

"그런데요?"

"이거 찌메리트[16] 코팅 안 돼 있는 거 알아?"

"…아, 알고, 알고 있습니다."

필립이 찌메리트 코팅이 뭔지 모른다에 1억 라이히스마르크를 걸겠다.

"A형인데, 찌메리트 코팅이 안 됐다. 그렇다는 건 교도대에서나 쓰던 걸 끌고

14
서부전선 격전지. 노르망디, 아헨, 휘르트겐으로 이어지는 모든 전투에 참여한 기갑사단은 116 기갑사단이다.

15
다스라이히(Das Reich)는 제 2 SS기갑사단, 토텐코프(Totenkopf)는 제3 SS기갑사단. 국방군이 아니라 무장친위대 기갑사단이다. SS사단답게 토텐코프는 수많은 전쟁범죄에 연루돼 있었다. 물론, 다스라이히도 전쟁범죄에서 자유로울 순 없었다.

16
찌메리트(Zimmerit) 코팅: 적 보병이 자기 흡착지뢰를 사용할 것을 방지하기 위해 비자성 물질을 전차 표면에 바른 것. 전봇대에 전단지 붙이는 걸 막기 위해 부착방지판을 설치하는 것과 비슷한 이유. 하지만 연합군이 자기 흡착지뢰를 거의 사용하지 않아서 1944년 9월 폐지된다.

왔다는 소리잖아? 전황이 아무리 거지같더라도 교도대에서 훈련용으로 사용하던 전차를 끌고 와 투입한다는 건 이미 끝난 상황이야."

"총력전 체제에서 동원할 수 있는 모든 자원을…"

"자네는 어떤가? 이 전쟁에서 우리가 이길 거 같나?"

불똥이 왜 내게 튀는 거지? – 불똥이 떨어지지 않게 하겠다면서! – 패배주의자로 몰려 나뭇가지에 매달리는 건 사양이다.

"글쎄요."

"질문을 바꿔서 하지. 자네는 이 전쟁이 불리해졌다고 느낀 게 언제인가?"

시선이 느껴진다. 등 뒤에서 내 정수리를 내려다보는 전차장의 시선, 폐쇄기에 가려져 있지만 침묵으로 대답을 요구하는 필립의 아우라. 뭐 어려운 것도 아니지 않은가?

"작년 6월? 그 즈음인 거 같습니다."

"노르망디? 비슷하네. 나도 작년 6월이었어. 그 전에도 어렴풋이 느꼈는데… 6월에는 달랐어. 이반 놈들이 작정을 하고 준비한 거 같더군. 바르바로사 작전의 복수라고 해야 하나? 6월 22일 날 해일처럼 밀려드는데… 죽여도 죽여도 줄지가 않아. 파도에다 대고 총을 쏘는 느낌이랄까?"

'파도에다 대고 총을 쏘는 느낌?'이란 말에 내 마음 속에서 뭔가가 울렸다. 울림은 자연스레 내 성대를 울렸다.

"양키들은 포탄이 줄지 않더군요. 관측기가 떴다 하면 바로 포탄이 날아왔습니다. 양키들은 쏴도 쏴도 줄지가 않는 마법의 탄약고를 들고 다니는 거 같았습니다."

'마법의 탄약고' 이건 아헨에서 다니엘이 했던 말이다. – 아… 이제 그 이름이 생각났다. 새끼손가락이 없던 친구였는데 – 양키들의 관측기가 뜨면 여지없이 포탄이 날아왔다. 공습도 무섭긴 하지만, 진짜는 포격이었다. 양키들은 포탄 걱정이 없어 보였다. 아니, 대 포병 사격 같은 건 신경도 안 쓴다는 듯 심심하면 먼저 포탄을 날렸다. 포탄의 비 앞에 우리 사단도 녹아내렸다.

"죽여도 줄지 않는 군대와 쏴도 쏴도 줄지 않는 포탄이라… 질 만하네."

"조만간… 양키와 동맹을 맺을 겁니다. 미국과 영국이 소련과 싸울 겁니다!"

순간 포탑 안에 정적이 감돌았다. 뒤이은 파안대소(破顏大笑)!!

"우하하하 –"

전차장과 난 포탑이 울릴 정도로 웃었다. 전차장은 손으로 내 어깨를 두들겼고, 난 폐쇄기를 두들겼다. 이제껏 필립이 내뱉은 말 중 최고로 웃긴 말이었다.

"비, 비웃지 마십시오! 미국과 영국은 볼셰비즘에 맞서 싸울 겁니다! 그들도 진짜 적은 우리가 아니라 소련이란 걸 알고 있습니다."

선전과 세뇌의 폐해다. 아니 괴벨스의 승리일까? 전장의 상황을 전혀 모른다. 아니, 이 포탑 안에서 바라본 상황을 보고도 그런 말이 나오는 걸까? 아… 판터는 시야가 좁지? 장전수도, 포수도 모두 시야가 제한당한다. 포탑에서는 오직 전차장만이 360도를 다 볼 수 있다. 전차장이 만약 잘못된 곳을 바라본다면? 지금 독일을 판터 포탑 안으로 욱여넣으면, 딱 들어맞는다. 주포는 훌륭하지만, 시야는 제한됐다. 아니, 한 방향으로만 볼 수 있다. 역시나 전체를 다 볼 수 있는 건 한 사람뿐이다. 그 한 사람 말을 믿을 뿐이다.

"양키와 토미가 우리랑 손잡으려면 뭔가 메리트가 있어야 하지 않을까? 메리트가 없는 관계는 이어지지 않아."

전차장의 말에 필립이 숨을 머금고 뭔가를 말하려 하는데, 전차장이 더 빨랐다.

"이념이니 신념이니 하는 뜬구름 잡는 이야기라면 아예 꺼내질 말아."

필립이 마른침을 삼키는 소리가 여기까지 들린다. 이럴 땐 판터 설계자가 원망스럽다. 폐쇄기 너머의 필립의 표정이 궁금하다.

"……독일의 과학기술은 세계 제일입니다! 우리의 보복무기들과 지금 전장에서 활약하는 무기들의 기술을……"

전차장의 웃음이 다시 한 번 포탑을 울렸다. 그러나 웃음의 색깔은 조금 전과 달랐다. 전차장이 폐쇄기를 어루만지며 이야기를 이어나갔다.

"이 녀석이 대단한 건 주포뿐이야. 그것도 이런 시가지에서는 약점이지. 포신이 너무 길어서 눈에 띄고, 행동이 굼떠. 게다가 포탑 회전속도도 너무 느려."

맞는 말이다. 지금 우리가 여기에 앉아있는 이유다. 포신 때문에 이반에게 걸렸고, 포탑이 너무 느리게 돌아 옆구리에 두 방을 맞았다. 이건 필립도 할 말이 없을 거다.

"자네는 경험해 보지 못했겠지만, 이 녀석 엔진수명은 최악이야."

"구동장치도 엉망이죠."

나도 모르게 튀어나왔다.

"그래, 구동장치도 최악이지. 덤으로 자네들 시야는 없는 거나 마찬가지고. 그건 경험해 봐서 알겠지?"

"그래도 호랑이는… 호랑이는 최강입니다!"

"그래, 호랑이는 최강이지. 그래서… 호랑이한테 갈 텐가?"

"예?"

"해는 졌어. 오늘이 4월 30일. 내일이 5월 1일 노동절이야. 빨갱이들 생일이지. 지금 기를 쓰고 의사당으로 달려드는 이유가 그걸 거야. 높은 양반들은 무슨 날, 무슨 이름에 집착해. 스탈린그라드에서 확실하게 깨달았지. 지금 의사당은 병사가 필요할 거야. 어쩔 텐가?"

'쿵—' 둔탁한 소리. 늘 듣던 정겨운 소리. 머리가 포탑에 부딪히는 소리다. 필립이 폐쇄기를 붙잡고, 나와 전차장을 내려다본다. 필립이 저렇게 생겼던가? 솜털이 뽀송뽀송한 애송이다. 튜닉 위장복으로 감싸긴 했지만, 어린 티를 다 감출 순 없었다. 어리기 때문에 순수하다고 해야 할까? 저 파란 눈빛이 내게 떨어졌다. '같이 갑시다!'란 강렬한 권유의 눈빛. 이 시선이 부담스러웠다.

"자넨 어쩔 텐가?"

이 시선을 눈치챘는지 전차장이 필립의 시선을 번역해 줬다. 전차장의 과도한 친절이다. 내 정수리를 내려다보는 4개의 눈빛. 전차장은 친절을 베푼 게 아니라 선택을 강요한 거다. - 젠장, 불똥이 계속 떨어지네 -

"전차장님이 움직여야 제가 빠져나갈 수 있는데요?"

정적. 뒤이은 전차장의 너털웃음. 전차장이 나가면 나도 나가겠다는 판단유보? 하긴, 전차장이 일어서지 못하면 난 움직이지 못한다. - 언제 죽어도 이상하지 않지만, 의사당으로 가면 100% 죽는다구! - 필립이 이걸 어떻게 받아들일까? 필립의 한숨. 이미 결론은 난 거 같다. 필립이 전차장에게 돌격장을 건네는데, 전차장이 고개를 가로젓는다.

"자네한테 더 필요할 거 같은데?"

필립은 은색 돌격장을 가슴팍에 욱여넣더니, 장전수용 승강구를 열고 뛰쳐나간다. 필립이 나가자 전차장이 장전수 자리로 가서 재빨리 승강구를 닫고 그대로 장전수 자리에 앉는다.

"이제 내가 일어섰으니 나갈 수 있지 않겠어?"

인간적으로 신뢰가 가지 않는 건 아닌데, 사람이 짓궂다.

"그래볼까요?"

포수석에 구겨 넣었던 엉덩이를 빼내 전차장석으로 올렸다. 전차장석에 기대서 멍하니 페리스코프를 바라본다. - 원래 이렇게 시야가 넓었던가? - 전차장의 말대로 이반들은 의사당을 노리고 있다. 꾸물꾸물 보병들의 행렬이 보이기 시작한다. 의사당 주변을 따라 파 놓은 참호 선에서 뭔가 움직이는 게 보인다. - 아니 느껴진다고 하는 게 맞을 거다 - 태풍전야의 고요함. 그건 전장을 경험해 본 사람이라면 대번에 알 수 있다. 새소리나 작은 동물들의 소리가 사라진다. 소리가 사라지고, 움직임이 보이지 않을 때쯤 뭔가가 터지기 시작한다. 말이 끝나기가 무섭게 초록색 조명탄이 하나 둘 터지기 시작했다. 하늘에서 내려오는 초록색 불빛. 불빛이 사라질 때쯤 건물 사이를 뛰어가는 튜닉 위장복의 독일군이 보인다. 총도 들고 있지 않은 모습. 필립이다.

"멍청한 놈!"

진짜 죽으러 가는 걸까? 이때 전차장이 어이없다는 듯 한마디를 던진다.

"티거(Tiger, 호랑이)다."

"503이 진지를 노출…"

전차장이 보는 방향 – 어차피 장전수용 페리스코프는 고정돼 있다 – 으로 고개를 돌리면…

"어?"

진짜 호랑이다. 다리가 4개 달리고, 얼룩무늬가 있는, 동물원에 있는… 아니, 있었던!? 진짜 호랑이다. 베를린 동물원에 있던 호랑이였을까? – 내가 예전에 봤던 그 호랑이일까? – 필립은 눈앞의 호랑이에 얼어 있었다. – 당연한 모습이다. 나라도 그럴 거다 – 그리고 호랑이는 뭔가 화가 난 모습이다. – 이해가 안가는 건 아니다. 총소리, 대포소리, 조명탄 불빛에… 내가 조련사는 아니지만 호랑이가 과히 좋아할 만한 환경은 아니란 것 정도는 안다 – 전차장의 '흠 –'하는 신음소리가 채 끝나기도 전에 호랑이가 필립의 머리를 물었다. 필립의 비명소리가 전장을 뒤덮었고, 이걸 신호 삼아 의사당 여기저기서 불빛이 번뜩였다. 뒤이어 기관총 소리와 박격포 발사음이 들렸다.

"어쨌든 호랑이는 봤네."

전차장의 쓴웃음. 이럴 땐 어떤 말을 해야 할까? – 아니, 그 전에 필립은 전사일까? 사고사일까? –

"그러게요, 호랑이는 봤네요. 미련은 남지 않겠어요."

이틀간 함께한 장전수를 위해 해줄 수 있는 최고의 애도다. 그가 그렇게 걱정했던 호랑이는 살아있었고, 자신 앞에 모습을 보였다. 물론, 다른 호랑이였지만 말이다. 그가 원했던 진짜 호랑이는 저 불빛들 사이 어딘가에서 곧 그를 따라갈 거다. 아마도 말이다. ⓗⓠ

INTERVIEW 03 　프라모델　　　　　　　　　　　　　　　　　　　　　　　　　글. 편집부 × 그림 제공. 아카데미과학

독일 대전물의 라인업을 완성하다

아카데미과학의 〈판터 G형 최후생산형〉 키트를 마주했을 때 처음으로 떠올린 감정은 '의문'이었다. 좀더 디테일하게 묘사하자면, '왜 하필 지금이지? 나왔다면 최소한 13년? 14년 전에 나왔어야 하는 게 아닌가?'라는 질책이 섞여 있는 의문이었다.

이미 판터라는 '장르'에서 D형과 A형은 드래곤, G형은 타미야가 각각의 영역을 확보하지 않았는가? 하긴, 이것도 옛 이야기다. 타콤, 하비보스 등등 수많은 업체들이 판터 시리즈에 뛰어들고 있다. 이런 상황에서 아카데미과학이, 벌써 1년도 더 지나긴 했지만 〈판터 G형 최후생산형〉 키트를 출시했다. 어느 정도 예상하고 있지만, 당사자들 – 아카데미과학 개발부 부장이면 당사자로 손색이 없지 않은가 – 에게 묻고 싶었다. "왜 하필 지금 판터 장르에 뛰어들었는지", "뛰어들려면 14년 전에 뛰어드는 게 맞지 않았냐"고. 돌아온 건 사람 좋은 웃음과 물어본 사람이 '뻘쭘'할 정도의 솔직함이었다.

인터뷰이.
아카데미과학 개발부
이선구 부장
인터뷰어.
HQ 이성주
일자.
2020년 2월 11일

과거엔 경쟁 모형회사와 아이템이 겹치지 않도록 제품 구성을 했었는데, 최근에 중국 업체들도 그렇고 여러 메이커들이 이것저것 제품들을 많이 내다보니까 더 이상 겹치지 않는 게 어렵게 됐죠.

그래서 정면승부를?

(웃음) '이제는 라인업을 완성해야겠다'라는 내부적인 의견이 모아졌습니다. 최근 들어 독일 대전물 아이템 위주로 계속 생산 중인데, 1호부터 6호까지는 우선 끝내자는 마음이죠. (잠시 정적) 내부적으로 1호도 생각 중입니다.

'라인업을 완성해야겠다'란 말에 탄성이 나올 뻔 했다. 2차 대전 독일군을 쫓아간다면, 전격전과 탱크 이야기가 나올 것이고, 탱크 이야기가 나온다면 독일군 전차병들과 호흡을 같이 했던 1호부터 6호까지의 '강철심장'은 독일 육군의 상징이지 않은가? 이 상징 중 5호전차 판터는 대전 후반기 독일군의 주력이었고 말이다. 이걸 모형으로 만든다고 했을 때 가장 신경썼던 게 뭐였을까?

일단 판터라는 '장르'를 할 때 가장 주안점을 뒀던 부분은 G형의 기본적인 형태는 다 재현할 수 있게 설계구성을 한다는 거였습니다.

이 대목은 충분히 이해가 갔다. 초기형도 제작 가능해 보였고, 밤피어 판터(Vampir Panther)도 재현 가능해 보였다. 나름 서비스 정신이 투철하다고 해야 할까? G형을 다 재현할 수 있다면, 다른 형식들은? 이쯤에서 판터 각 형식들에 대한 개발자의 의견이 궁금해졌다.

아시다시피 D형은 최초의 형식인데, 처음 생산했을 당시에 기계적인 결함이 많았죠. 그걸 극복하려고 한 게 A형이고, G형은 만들다 보니 공정상의 번거로운 부분을 간략화한 형태죠. (웃음) 성능이 더 좋아졌다고 보긴 어렵고… 사실상 결정판은 A형이겠죠? 밸런스도 더 잘 맞는 것 같고요.

뭔가 사심이 들어가 있는 것 같다. 개발자가 가장 좋아하는 판터 형식이 뭘까?

… 사실 A형을 좋아합니다. (그럴 줄 알았다) 이유요? 어렸을 때 아카데미과학 1/25 판터를 샀었는데, 그게 A형이잖아요? 모형도 모형이지만, 그 설명서가 결정판이죠. 그걸 보면 구데리안부터 치타델레 작전 관련 내용도 서술돼 있는데… (자랑스레) 집에 그 설명서를 보관하고 있습니다. 지금도 생각나면 가끔 읽습니다.

판터 G형 개발자가 실은 판터 A형을 좋아한다니…
판터를 좋아하는 할까? 슬그머니 장난기가 올라왔다.
티거와 판터 중 하나를 고르라면?

> 티거가 아카데미과학 라인업에 없었다면, 티거를 생산했겠죠. (웃음) 티거가 대중성이 더 있으니까요. 이미 티거를 생산하고 있으니까… 지금도 티거가 잘 팔립니다. 저희 제품 중에서 인기 상품 중 하나입니다.

비즈니스적인 관점이 아니라 개인적인 취향을 말하는 겁니다! 뭘 더 좋아하시죠?

> … 저도 개인적으로 좋아하는 건 티거 I, 티거 II, 판터를 좋아합니다. (멈칫) 판터를 제일 좋아합니다. (멈칫) 판터 A형을 가장 좋아합니다!

뭔가 상업적인, 계산적인, 정치적인 답변이란 느낌이다.

> 만들긴 티거를 가장 많이 만들었습니다. 이건 업무를 하다 보니까 좋아진 부분도 있고요. 뭐 업무적인 부분도 있어서 만들다 보니 티거를 많이 만들었습니다. (비겁한 변명입니다!!) 솔직히 개인적으로 독일 대전물보다는 미군 현대장비를 좋아합니다. 선호도를 따지면…

미군 현대장비를 좋아한다는 답변의 진실성에 의심이 갔다. 그래도 판터 G형 설계자인데… 궁금했다. 판터가 티거에 비해 왜 이렇게 선호도가 떨어지는지에 대해서.

> 생산되는 정보량의 차이가 아닐까요?

무쌍을 찍은 무적의 전차 티거, 수많은 전차 에이스를 생산한 화려한 이력 때문일까?

> 판터도 에이스가 있죠. (물론 있죠. 에른스트 바르크만 같은) 그런데, 판터는 뭔가 좀 스토리를 만들어 내는 게 약했죠. 개인적인 판단이지만, 우리나라 모형시장 초창기에, 80년대에 일본에서 만들어 놓은 선입견 같은 게 지금까지 이어진 부분도 있는 거 같습니다.

개인적인 취향은 모르겠지만, 메이커 입장에서 판터는 다양한 바리에이션을 만들 수 있는 효자 상품이 아닐까?

> 그렇죠. 투자금을 빨리 회수할 수 있는 아이템이죠. 사실 야크트판터 같은 건 아직 시작도 안한 상태지만, 그것도 금형 한두 벌만 파면 갈 수 있는 거라서… 사실 판매로 보자면 판터 G형이 10이라면, 야크트판터는 5 정도밖에 안 될 겁니다. 한국 소비자들의 성향을 보면 탱크하면 떠오르는 전형적인 이미지. 그러니까 포탑이 달려있고, 포신이 긴… 그런 걸 선호하죠.

불쌍한 표범 시리즈. 호랑이가 뭐가 그리 좋다고…
부장님도 호랑이를 더 좋아하시는 거 맞죠?

> (웃음) 전 개인적으로 둘 다 좋아합니다.

1

1
아카데미과학의 〈판터 G형 최후생산형〉 키트. G형의 기본적인 형태는 모두 재현할 수 있도록 설계 구성했다.

2
〈판터 G형 최후생산형 헤드쿼터 에디션〉 키트. '김재희 스페셜' 키트 또는 '골드 에디션'을 선택할 수 있다.

너무 몰아붙인 게 아닐까? 내가 욕을 안 해도 욕은 이미 많이 먹은 상태가 아닌가? 미안한 감정이 슬며시 올라왔다. 〈판터 G형 최후생산형〉 키트에 대해 하고픈 말이 있다면?

이미 욕은 많이 먹었으니까(웃음). 아카데미과학이 안티가 좀 있긴 합니다. 저희들이 가지고 있는 역량의 한계. 그 안에서도 얼마나 더 할 수 있는가를 여러가지로 연구하고 고민하고 있습니다. 재현도에 관해서는 경쟁사 제품에 비해서 좋다고는 말씀 못 드리겠지만, 굉장히 근접해 있다고 말할 수 있습니다.

이번에 〈판터 G형 최후생산형〉 키트를 기반으로 '김재희 스페셜' 키트를 생산하게 됐다. 이 프로젝트를 진행하면서 어려웠던 점은 없었는가?

색다른 접근, 재밌다란 생각을 했습니다. 결과적으로 보면, 모형에다가 스토리를 입힌 작품이 나오는 게 아닙니까? 이전에 경험해보지 못했던 시도라 상당한 기대를 하고 있습니다. (웃음) 생산 자체에 있어서 큰 어려움은 없었습니다. 늘 하는 일이니까요. 회사 입장에서도 매출이 발생한 거니 당연히 좋고요. (웃음) 모형인의 입장에서 보자면 금장 제품에 기대를 하고 있습니다. 금장 제품의 경우는 제가 직접 조립해 봤는데, 좋습니다. 수량 자체도 소량이기에 희소성도 있고요, 금장 제품은 꽤 인기를 끌 거 같습니다.

'김재희 스페셜' 키트까지 생산하며, 《헤드쿼터》와 이 정도로 협업을 했다. 다시 묻겠다. 여전히 표범보다 호랑이인가?

(진지) 이제야 말하지만, 징크스가 하나 있습니다.

어떤 징크스인가?

개인적으로 선호하는 제품을 내놓으면 시장 반응이 좋지 않다는 징크스인데… 한마디로 제가 좋아해서 만들면 시장 반응이 좋지 않다는 겁니다. 그래서 제가 좋아해도 티를 내지 않아요…. 그래서 늘 조심을 하고 있습니다.

'제 마음 아시죠?'라는 환청, 독백이 들린 듯하다. 그 거짓말… 아니, 이선구 부장의 말을 믿기로 했다. 결정판은 아니지만, 가성비에서는 어떤 메이커에도 밀리지 않는 아카데미과학의 〈판터 G형 최후생산형〉 키트. 그리고 이걸 기반으로 만든 '김재희 스페셜' 키트의 건승을 기원한다. HQ

개인적으로 프로토타입(prototype)[1]을 싫어한다. 물론, 에반게리온 초호기는 좋아한다. 엄밀히 말하자면 에반게리온 초호기는 프로토타입이 아니다. 일본 애니메이션이 늘 그래왔듯 프로토타입의 탈을 쓴 원-오프(One-off)[2] 모델이다.

양산형 모델을 좋아하긴 하지만 대놓고 생산성만 추구하는 간략형 모델은 또 싫어한다. 뭔가 인간미가 없어 보인다고 해야 할까? 그런 의미에서 내가 판터 A형을 좋아하는 건 가이낙스(GAINAX)[3]가 미사일을 쏘는 것과 같이 '당연한' 일이다. 실질적인 데뷔전이라 할 수 있는 쿠르스크(Kursk) 전투에서 기대와 달리 온갖 잔고장으로 기록적인 비전투손실을 보여준 결함덩어리 D형이나 대전 막바지에 몰려 생산성이란 이름으로 차내 도색도 폐지해 버린 G형 — 나중에 포탑내부 도장은 허용했지만 — 은 내 취향이 아니다. D형의 문제점을 극복하고, G형이 빼앗아간 낭만을 붙잡고 있는 A형. 나는 판터의 중심에 A형이 있다고 외쳤다(결코 아야세 하루카[4]를 생각하진 않았다). 이 글은 A형이 판터의 중심이라고 외친 나의 성난 포효다.

REASONS

1 HEATER
히터

D형의 무수한 결함들을 보완한 게 A형이고, D형과 외형적으로 많은 변화가 있었다. 그 모든 변화들 중 내가 첫손가락으로 꼽는 게 히터다. 지금이야 군용차량이나 군용 장갑차량에 히터나 에어컨을 다는 게 상식으로 인정받지만, 제2차 세계대전 당시로서는 획기적인 선택이었다. 이 덕분에 동부전선에 배치된 전차병들은 나름 '따뜻한' 온기를 느꼈을 것이다. 전차병들에 대한 따뜻한 배려라고 해야 할까? A형의 형태 변화 중 하나인 후면 좌측 배기구 양쪽에 달려 있는 두 개의 관은 히터를 장비한 판터에 냉각용 흡기관을 달아준 것이다. 걷보기로는 3개가 뭉쳐서 마치 포크처럼 보인다.

2 CUPOLA
큐폴라

D형의 큐폴라는 디자인적인 측면이나 실용적인 측면 모두 불합격이었다. 드럼통 잘라놓은 것 같은 멋없는 디자인에, 장갑 두께는 60mm라 대전차 소총 공격에 적잖은 피해를 입어야 했다. 그런데, A형은 두께만 80mm에 달했고, 제조방식도 주조방식을 선택해 훨씬 견고해졌다. 결정적으로 잠망경을 7개나 설치해 넓은 시야각을 확보할 수 있게 해줬다. 덤으로 MG 34 거치용 레일까지 달아놔서 제법 멋이 난다.

1
프로토타입(Prototype):
시제품. 양산형이 나오기 전에 제작해 보는 모델

2
원-오프(One-off) 모델:
직역하면 '단 하나의 모델'이란 뜻이 된다. 제조사가 비용, 시간, 기술을 아끼지 않고 쏟아부어 만든 모델을 뜻한다.

3
일본의 애니메이션 제작사. 국내에는 〈신비한 바다의 나디아〉, 〈신세기 에반게리온〉 등으로 잘 알려져 있다. 미사일 난사(亂射) 장면은 가이낙스의 트레이드마크다.

4
TV판 〈세상의 중심에서 사랑을 외치다〉(2004)의 주인공을 맡은 배우.

5
〈이니셜 D〉의 주인공 후지와라 타쿠미의 아버지 후지와라 분타가 했던 말. 최대 회전수 12,000RPM으로 세팅된 경주용 엔진을 디튠하여 11,000RPM으로 낮춘 후 86에 장착했다.

6
〈건담 MS IGLOO2 중력전선〉 1화 '저 자신을 쏴라!'의 명대사. 대MS 특기병 루이스가 자쿠에게 돌격할 때 소대장 바바리가 외친 말. 몇 초 뒤 자쿠 이곳저곳에서 S-마인이 튀어나갔고, 루이스는 벌집이 된다.

③
RPM
Revolutions per minute

"11,000 [5] 까지는 확실히 올려라"
〈이니셜 D〉를 보면서 RPM의 중요성을 깨달았다. 판터의 심장이라 할 수 있는 마이바흐 HL230 엔진 시리즈는 비운의 엔진이었다. 최소한의 평가 기간도 거치지 않고, 실전에 바로 투입돼야 했다. 전장에서는 엔진을 원했고, 오류를 수정하기 전에 한 대라도 더 생산해 전선에 투입해야 하는 상황이 이어졌다. 그나마 판터는 D형에서의 오류를 극복하고, RPM을 기존의 3,000RPM에서 2,500RPM으로 감소시켜 엔진에 가는 무리를 방지했다. 이렇게 실전으로 배운 경험들을 녹여낸 게 A형이다.

④
BALL-MOUNT
볼마운트

D형에서는 전면장갑 왼쪽에 사각형으로 발사 패널을 만들었는데, A형에 들어서면 제2차 세계대전 독일군 전차라면 당연히 달려 있어야 할 것 같은 볼마운트 방식의 기관총가를 달 수 있게 됐다. 수평거리가 140mm나 되는 판터용 볼마운트를 만든다는 것이 꽤 난망했던 거다. 그러나 이 볼마운트가 있는 것과 없는 것의 차이는 너무도 명확하다. 실전에서의 쓰임 같은 건 둘째치고, 차체 전면부의 모양 자체가 완전히 달라지지 않는가? 관상 자체가 달라졌다 할 수 있다. 이제야 독일 전차다워졌다고 해야 할까?

⑤
S-MINE
S-mine 발사기

S-mine(독일어로 Schrapnellmine, 슈라프넬미네)은 제2차 세계대전 당시 독일군이 사용했던 도약식 지뢰이다. 이름 그대로 공중으로 튀어오른 뒤 터지는 지뢰다. 공중에서 터지다 보니 지뢰를 밟은 사람뿐만 아니라 주변인들에게도 피해를 미친다. 한마디로 살상력이 뛰어나단 소리다. 이 때문에 미군은 S-mine에게 '말괄량이 베티(Bouncing Betty)'란 특이한 별명을 붙여주기도 했다. A형은 포탑 상부에 근접방어를 위해, 즉 적 보병의 접근을 막기 위해 S-mine 발사기를 설치했다. 완전한 실용화는 1944년 3월부터지만, 그래도 장착구를 설치했다는 것만으로도 의의가 있다 할 수 있겠다.
"돌아와! 그 놈은 S-마인이 달렸어!" [6] 란 명대사를 할 수 있게 해준 개조 포인트다.

A형에는 이 밖에도 주포 조준기를 TZF 12(쌍안식)에서 TZF 12a(단안식)으로 바꿨다거나, 포탑 내부에 L4S 유압식 포탑 선회장치를 설치해 선회속도를 조절할 수 있도록 하는 등등 수많은 개량 포인트들이 있다. 이 모든 것들의 결론은,
"판터 D형의 단점을 극복하고, G형으로 이어갈 수 있는 토대가 됐다."
라고 말할 수 있다. A형을 완성형 판터라고 말할순 없지만, 판터의 기준이 됐다는 건 부인하기 어려운 사실이다. (HQ)

| INTERVIEW 04 | 게임 | | 글. 임채진 × 그림 제공. 월드 오브 탱크 |

인터뷰이 1.
레드불(박인기, 유저) — R
인터뷰이 2.
네로(유저) — N
인터뷰이 3.
조바심(운영사 워게이밍
한국 커뮤니티 담당자) — J
인터뷰어.
HQ 임채진 — H
일자.
2020년 4월 18일

월드 오브 탱크

WORLD OF TANKS

판터 전차에 관한 이야기를 풀어낸다는 입장에서 인터뷰이를 찾는다면, 가장 궁극적인 대상은 판터를 직접 몰아본 사람일 터다. 하지만 지금은 제2차 세계대전이 끝난 지도 어언 75년이나 지난 시점이고, 국적을 떠나 어쨌든 당시의 경험자 가운데 오래 산 축에 속할 에른스트 바르크만 같은 이도 무덤으로 들어간 지 11년이나 지났다. 상식적으로 이 탱크의 실물을 직접 몰아 본 사람을 찾아 마이크를 들이대기는 불가능하다. 하지만 실물이 아니라면 어떨까? 판터가 나오는 게임의 유저라면, 판터를 몰아도 보고 맞서도 봤을 게 아닌가.

이런 생각으로 《HQ》편집부는 전차전에 초점을 맞춘 전차 전문 게임, 〈월드 오브 탱크〉의 헤비 유저들을 모시고 이야기를 들어보았다. 이야기를 좀 더 풍성하게 듣기 위해 운영사 워게이밍의 한국 커뮤니티 담당자도 함께 초대했다.

H 간단한 자기소개를 부탁합니다.

N 안녕하세요 네로입니다. 저는 2011년 11월 10일부터 〈월드 오브 탱크〉를 시작했고요. 밀리터리 게임 내에 있는 장비나 전투 여단 쪽에 관심이 많은 사람입니다.

R 안녕하세요. 저는 박인기이고요. 〈월드 오브 탱크〉를 하고 있는 유저고요. 현재 한국 콘트리뷰터를 맡고 있습니다. 〈월드 오브 탱크〉에서 개최하는 리그나 토너먼트 같은 각종 이벤트의 해설이나 이벤트 담당, 진행을 맡고 있습니다.

J 안녕하세요, 게임 〈월드 오브 탱크〉의 한국 커뮤니티를 담당하고 있는 워게이밍의 조바심입니다.

H 〈월드 오브 탱크〉에서 각자 주력 전차가 어떤 것인지 소개해주실 수 있을까요?

N 〈월드 오브 탱크〉 초창기 때는 독일로 먼저 시작했었지만, 주력 전차로 타고 다닌 건 T-54 정도였고 나중에 〈월드 오브 탱크〉에서 한창 활동을 하고 다닐 때엔 주로 프랑스 중형 전차나 경전차, AMX1390, 바샤티옹 25t 같은 기동성 빠른 전차로 플레이를 했습니다. 방어력을 포기하는 대신 기동성을 극대화하고 한 번에 탄을 모두 넣어놓고 치고 빠지는 런 앤 건 플레이에 특화되어 있는 계열이죠.

R 한창 키울 때엔 IS7- 소련 최고 티어의 중전차를 타고 있었고. 독일하고 미국도 같이 다 키웠죠. 아무래도 미국하고 소련 쪽을 많이 중점적으로 해 가지고 주력으로는 IS7이고, 그 다음에 KV-1라는 5티어 전차가 있는데 〈월드 오브 탱크〉를 했던 유저라면 무조건 다 거친 전차예요. 초반부터 있었고, 지금도 현재, 그 동일 티어를 강력하게 주름잡고 있는 전차지요.

J 소련의 Object 252U Defender입니다. 실제로는 설계 초안으로만 존재하는 전차지만 〈월드 오브 탱크〉 게임 내에 구현되어 게임을 통해 탑승이 가능해진 전차입니다. 〈월드 오브 탱크〉를 오래 즐기시는 분들이라면 대부분 해당 전차의 강력함을 알고 계실 겁니다. 럭키 '도탄'이 많이 발생되어 저처럼 미숙한 플레이어도 좀 더 오래 생존할 수 있기에 주력으로 운용하고 있습니다.

H 네 그렇군요. 세 분 다 아쉽게도(?) 판터가 본인의 주력은 아니긴 한데, 판터를 몰아보신 경험과 빈도는 어느 정도실까요.

R 판터 자체로는 한 100판 200판 타 본 것 같아요.

N 저는 독일 쪽 돌릴 때 필요한 건 어지간하면 몰아보는 편이에요. 〈월드 오브 탱크〉에서 나오는 판터가 네 가지인데 저는 네 가지를 거의 다 타 봤어요. 각 기체가 재밌기도 하고 문제도 있고 한데 워낙 변화도 많기도 하니까. 나름 할 만해요.

J 저는 현재 아직 많은 국가의 전차들을 소유하고 있지 않아 플레이어 기준으로는 '탱린이' 수준에 속합니다. 게임 운영을 위해 테스트 계정이나 이벤트를 진행하면서 몇 번 플레이해 본 정도입니다.

H 게임 속 전차전을 즐기시는 입장에서 판터에 관한 개인적인 평가는 어떠신가요?

N 딱 중간이라고 생각해요. 딱 밥값 하기엔 좋다고 봅니다. 현재 게임 속 판터는 크게 보자면 네 가지가 있는데, 그 가운데 판버린이라 불리는 판터 M10을 제외한 나머지는 전부 다 밥값은 합니다.

R 대부분 판터를 거쳐가긴 해요. 판터가 7티어거든요. 7티어라는 게 프리미엄을 구입해야 하는 탱크예요. 게다가 〈월드 오브 탱크〉 입문하시는 분들이 대부분 다른 밀리터리 게임을 보고 와요. 근데 다른 게임에서 판터가 세요. 이걸 보고 〈월드 오브 탱크〉에도 나오니까 해 보자 하는데, 여기서는 성능이 그렇게 좋진 않거든요.

R 중간 티어가 상위 티어에 비해서는 성능이 좋진 않아요. 그런데 옛날에는 미국, 소련, 독일의 각 국가적인 특징이 있었거든요. 독일은 무난한 조준, 굉장한 명중률, 그 다음에 튼튼한 차체, 각진 차체 그리고 피통(생명력)이 많은 편이고, 엔진이 좋았어요. 소련은 한 방이 큰 그런 느낌이고, 미국은 지형을 이용한 전투에 유리한 느낌이 있었는데 요즘 들어서는 그 3개국 특징이 없어지긴 했습니다. 그래도 판터는 아직 동일 티어 탱크 중에서 특이하긴 해요. 얘가 백 구경장 포(L/100)를 달고 있어서 생긴 게 특이합니다.

H 원래 스펙보다는 약간 다운되어 반영된 면이 없지 않은 건가요?

R 네. 아무래도 부품 이름이나 포, 외형은 고증이 맞춰지긴 했는데, 데미지 조절이나 티어 조절은 있어요. 솔직히 판터나 셔먼을 같은 티어로 놓으면 이상해지거든요. 셔먼 계열은 〈월드 오브 탱크〉에선 5~6티어고 판터는 7티어인데, 이걸 동 티어로 놓으면 이상해지잖아요.

N 일반적으로 우리가 생각하는 판터는 M4 셔먼이라든지 T-34 같은 걸 잡아먹는 독일 전차군단이란 느낌이잖아요. 근데 동일선상에 있는 애들은 전부 다 티거라든지 판터 같은 걸 때려 부수기 위해서 나온 애들이거든요. 걔네랑 같이 매칭을 잡아주기 때문에 그런 쪽에서 티거나 판터나 이런 애들의 평가가 상대적으로 박한 경향이 있어요.

H 그럼 워게이밍의 입장에서, 판터의 재현도는 어떻다고 보시는지요?

J 워게이밍은 최대한 실제에 기반하여 〈월드 오브 탱크〉 게임 내에 충실하게 구현해내는 것을 목표로 하고 있습니다. 판터 전차 역시 외형이나 성능을 최대한 충실히 구현했다고 말씀드릴 수 있습니다. 또한 포탄의 관통력이나 명중률도 상당하여 중형전차로서의 역할을 잘 소화할 수 있어 플레이어분들께서도 탈 만한 전차로 많이 평가해주고 계십니다.

H 판터에 관한 유저분들 인식은 대체로 어떤가요?

N 보통 〈월드 오브 탱크〉를 처음 시작하시는 분들은 거의 높은 확률로 독일로 먼저 시작하시게 돼요. 독일 하면 전차군단이라고 기본적인 선입견이 잡혀 있잖아요. 그래서 열심히 스테이터스를 다 올렸는데 거기서 사람들이 자괴감 들고 하는 걸 의외로 많이 봅니다.

H 야, 이거 판터가 메인인 매체인데 조금 안타깝군요.

N 근데 판터도 잘 타는 분들이 몰면 정말 짜증나면서도 괴로운 존재가 될 수 있어요. 일단 잘 안 죽기 때문에. 사실 이건 모든 전차들이 다 그렇고 판터도 마찬가지로 잘 타는 사람들이 계속 몰고 있으면 정말 "저걸 어떻게 잡아야 하지" 하는 존재가 될 수 있어요.

H 판터와 실제 역사 속에서 맞부딪쳤던 T-34, M4 셔먼이 게임 속에서 만난다면 어떻게 될까요?

R 그럼 판터가 무조건 이겨요. 티어가 둘이나 차이 나거든요. 걔네는 5티어예요.

J 〈월드 오브 탱크〉 게임 내에서는 판터가 가장 높은 단계로 배치되어 있습니다. 아마 판터가 다른 전차들인 T-34와 M4 셔먼을 귀엽게 응수(?)해줄 것 같습니다.

N 대신에 셔먼도, 똑같은 일반적인 M4-A1 셔먼이라든지 T-34 기본형이라면 모르겠지만 6티어로 가면서 M4의 76mm 관통 주포나 T-34/85 같은 게 나오면 판터도 결코 방심할 수 없죠. 이때부터는 충분히 전면장갑을 관통할 수 있는 애들도 나오고. M4 같은 경우는 좀 어렵긴 하지만 T-34/85 같은 경우는 관통력을 제외한 나머지가 판터보다 더 좋습니다.

R 근데 모델링이나 전차 움직이는 모션은 고증이랑 거의 비슷해요. 그건 철저하게 만들었거든요.

J 실제로 전차의 폭발 구현을 위해 실제 전차를 폭파시킨 유명한 사례가 있기도 합니다.

N 근데 저희가 이렇게 판터를 약하게 이야기했지만, 문제는 이게 타국도 똑같습니다. 다른 미국, 일본, 중국, 프랑스 이런 쪽도 다 비슷합니다. 게임 내에서 승률로 볼 때엔 오히려 중상위권에 있는 게 사실이에요.

R 그건 이유가 있어요. 잘하는 사람들이 타기 때문이죠. 판터부터 타는 사람들은 대부분 밀리터리를 좀 해 본 사람들이거든요. 이 사람들은 전차전에 관해 기본적인 개념을 알고 있어요. 아무것도 모르는 사람보다는 다른 게임들을 해 보고 온 사람들이 많기 때문에 판터를 운용하는 사람들은 대부분 잘해요. 대부분 모르는 사람들은 물어보잖아요. 뭘 많이 타냐고. 그럼 소련 아니면 미국 탄다는 답이 나오죠. 무난하니까요.

H 판터하고 교전해 보신 경험도 있으실 텐데, 판터하고 교전해 본 경험 가운데에서 가장 기억에 남는 일화가 있다면 소개해주실 수 있습니까?

J 저는 제가 더 낮은 단계의 전차로 플레이 중이었기 때문에 발견되자마자 피한(?) 기억밖에 없습니다.

N 판터의 실제 역사 속 단점이 얇은 측면장갑이잖아요. 측면장갑이 얇기 때문에 실제로도 근거리 교전에서는 오히려 위험하긴 하다, 정도였는데 〈월드 오브 탱크〉라는 게임의 교전 거리는 200m에서 300m도 채 넘어가지 않는 수준의 근거리 교전을 강요받는 전장이 되기 쉽습니다. 그러다 보니, 예를 들어 M4가 근거리에서 고폭탄으로 판터의 측면을 때렸는데 판터가 고폭탄에 관통당하면서 포탑 유폭이 나서 한 방에 터졌어요. 피통 꽉 찬 판터가 한 방에 죽는 걸 보고, 실제로도 마찬가지였겠지만 "측면 절대 내주면 안 되겠구나" 싶었습니다.

R 근데 판터를 상대할 때 짜증나는 건 좀 있어요. 피통이 제일 많아요. 네. 그래서 한두 번씩 가끔 제가 질 때가 있어요. 피통 차이로. 그리고 원거리 교전할 땐엔 판터가 잘 튕겨내요. 생긴 게 경사장갑이라서, 상대할 때 짜증나는 경우가 있습니다.

H 마지막 질문인데요. 말씀 듣고 있노라면 이 게임 속 판터는 숙련자면서 역사적으로 알고 있으면 좋은 전차인데, 초심자에게 판터를 권하실 의향이 있으십니까?

J 〈월드 오브 탱크〉는 여러 국가의 다양한 전차를 최대한 충실히 구현했기 때문에, 판터 또한 게임을 즐기면서 당연히 경험하시게 될 전차 중 하나라고 생각합니다. 초심자와 베테랑을 떠나 각기 다른 전차의 특성을 파악하고 자신에게 맞는 전차를 선택하는 것이 좀 더 즐겁게 플레이할 수 있는 방법입니다. 명중률이 높은 전차를 선호한다면 초심자라 하더라도 충분히 좋아하실 것입니다.

N 판터만 탄다면 저는 타 볼 만은 하다고 생각합니다. 솔직히 입문 난이도가 높다고 하지만 그건 다른 애들도 비슷한 수준이거든요. 의외로 판터가 어려운 것 같은데 다른 중형전차나 구축전차들을 보면 오히려 선녀 같아 보일 때가 있어요. 그래서 저는 초심자 분들이 판터까진 타도 괜찮다고 생각합니다. 그 다음 판터 II 같은 게 문제지.

R 판터 II가 속한 8티어에 좋은 탱크가 너무 많아요. 독일은 대부분 구경이 88mm에서 끝나잖아요. 근데 같은 티어의 다른 국가 전차들은 100mm가 넘어가거든요. 근데 일단 〈월드 오브 탱크〉가 옛날보다는 지금 그래픽이 굉장히 좋아졌어요. 풀 옵션으로 하고 판터를 꺼내 놓으면 아마 스크린샷이 잘 나오지 않을까 싶네요. 하다 보면 바닷가 가서 가만히 있어요. 스크린샷 찍는 거예요. 실제로 연습전투 같은 방을 만들어서 돌아다니는 사람도 있고.

H 그렇군요. 어떤 점에선 이 게임의 또 다른 활용법일 수도 있겠습니다. 긴 시간 내주신 세 분께 고마운 마음을 전합니다. HQ

CHRONICLE 04   판터의 마지막

글. 정경찬 × 그림 제공. 월드 오브 탱크

FAREWELL

전후 세계의 판터는 어떻게 되었을까

판터 가운데 소수는 제2차 세계대전의 패배 속에서도 살아남았다. 그러나 독일에는 더 이상 판터의 자리가 없었다.

제2차 세계대전의 직접 피해자인 독일 주변국들은 독일이 나치의 전차에 페인트칠을 하고 새로운 국가의 깃발을 꽂는 광경을 눈에 흙이 들어가기 전에는 허용하지 않으려 했다. 그래서 제법 긴 시간이 흐르고 냉전의 대립구도가 격화된 뒤에야 서독의 독일연방군은 미국제 전차로, 동독의 국가인민군은 소비에트 연방제 전차로 무장할 수 있었다.

결국 몇 대 남지 않은 판터들은 판터였던 쇳덩이, 혹은 판터가 될 뻔한 쇳덩이들과 함께 스크랩(폐기)되거나, 몇몇 연합국으로 끌려가 시험용으로 구르거나, 혹은 독일 모처의 헛간에 숨겨지거나 민간용 장비로 개조되어 여생을 마쳤다. 얼마 되지 않는 예외에 속한 판터들만이 '전차'로서 전후의 세계를 맞이할 수 있었다.

01 SOVIET UNION
소비에트 연방의 경우

전후 판터 운용의 한 축은 소비에트 연방이다. 제2차 세계대전 당시 소비에트군은 수많은 판터를 노획해 일선 부대에서 운용했다. 대부분의 경우 일선에서 노획해 사용하다 고장이 나거나 격파되면 그대로 방치했지만, 본격적인 부대로 편제된 경우도 적지 않았다. 소비에트군은 이 노획 판터에 T-5라는 제식명을 부여하고 노획된 부품을 모아 관리했으며, T-34에 비해 운용법이 복잡한 판터를 작동시키기 위해 매뉴얼까지 만들었다.

하지만 전후에는 더 이상 나치의 전차를 사용할 이유가 없었다. T-34보다 강력한 새로운 전차의 개발이 진행되고 쿠빙카 시험장으로 끌고 가서 고철로 만들 판터의 재고도 넉넉한 상황에서, 판터는 운영하기 까다로운 애물단지에 지나지 않았다. 그래서 소비에트군은 독일제 애물단지에 리본을 묶어 새로운 우방들에게 선사하기로 했다.

02 BULGARIA
불가리아의 경우

03 ROMANIA
루마니아의 경우

04 CZECHOSLOVAKIA
체코슬로바키아의 경우

가장 먼저 연방의 선물을 인수한 국가는 불가리아였다. 1945년 3월부터 4월 말까지 소수의 4호전차와 판터 15대가 불가리아군에 공여되었다. 판터는 D·A·G 등 형식조차 통일되지 않은 상태였지만, 전쟁 말기의 혼란 속에서 제대로 된 전차를 확보하기 어려웠던 불가리아에게는 귀한 전력이었다. 하지만 불가리아에 공여된 판터들은 얌전히 사용하던 신동품이 아니었고, 판터 특유의 기술적 결함도 생생하게 살아있었다.

불가리아군은 몇 대의 전차라도 제대로 사용하기 위해 상태가 양호한 6대를 제외한 모든 판터를 해체해 부품용으로 사용하다 결국 도입 3년 만인 1948년에 전량을 퇴역시켜 버렸다. 불가리아군에서는 4호전차보다 먼저 일선에서 물러난 셈이다.

그래도 불가리아는 판터의 화력만은 높이 평가해 완전히 퇴역시키는 대신 대 터키 방어선인 크랄리 마르코(Krali Marko) 라인에 4호 구축전차와 함께 벙커용 직사포로 설치했다. 이 고정포대는 내부 공간 확보를 위해 엔진과 변속기를 전부 뜯어냈지만 1980년대까지 자리를 지켰다. 어떤 형태로든 군용으로 사용된 기간만을 따진다면 현역으로 가장 오랜 기간 살아남은 판터일지도 모른다.

루마니아도 불가리아와 비슷한 형식으로 소비에트 연방에게 판터를 공여받았다. 1946년 5월, 루마니아 인민군이 편성되자 소비에트 연방은 13대의 판터를 포함한 다수의 차량을 지원했다. 이 판터는 곧 루마니아 인민군 유일의 기갑부대였던 제1기갑여단에 배치되었다. 1947년 루마니아 인민공화국이 설립되면서 루마니아 인민군의 핵심 전력을 모아 투도르 블라디미레스쿠(Tudor Vladimirescu) 사단이 창설되자 판터 역시 루마니아 최강 전차 대접을 받으며 부대를 옮겼다.

하지만 예비부품 부족과 잦은 고장이 루마니아에서도 판터의 발목을 잡았다. 13대라는 모호한 수효로 정규 편제를 갖추기 어렵다는 점도 문제가 되었다. 소비에트 유학파 장교들 역시 나치의 전차들이 퍼레이드의 선두에 서는 상황을 달갑지 않게 여겼다.

결국 잔존 판터들은 루마니아 인민군 제1기갑사단이 신규 편성되자 다시 부대를 옮겨 숫자 채우기용 장비로 명맥을 유지하다, 소비에트 연방이 공급한 T-34-85가 충분한 규모를 갖추게 된 1954년에 전량 퇴역 후 폐기되었다.

체코슬로바키아는 전쟁 중 독일군이 유기한 전차가 자국 영토 내에 상당수 남아 있었고, 심지어 테플리체(Teplice)에 설치된 독일군의 전차 수리공장에는 재고 부품도 비교적 넉넉했다. 따라서 앞선 두 국가에 비해 다수의 판터를 운용할 수 있었다. 자료에 따라 차이가 있지만, 1947~48년 동안 체코슬로바키아는 소비에트 연방의 원조품을 포함해 방치물자가 된 독일 전차 167~245대를 입수했다. 그리고 이 가운데 57~65대가 판터였다.

전후 체코슬로바키아는 상대적으로 넉넉한 재고 부품과 정비 지원 설비를 바탕으로 판터를 정비해 50대 이상을 현용 전차로 운용했다. 그러나 1948년에 소비에트 연방의 사주로 시작된 쿠데타 이후 제4공화국이 들어서자, 정권을 장악한 공산당은 독일, 미국, 영국제 장비를 군 내에서 가능한 빨리 폐기하기를 원했다. 성능이 뒤떨어지는 영국, 미국제 전차가 우선 퇴역 대상이었으므로 판터는 비교적 오래 명맥을 유지했으나, 1954년에 대량의 T-34-85 도입이 성사되면서 퇴역 수순을 밟았다. 대부분의 판터는 스크랩 대상이었지만, 구난전차로 개조된 판터 7대는 적어도 1958년까지 살아남았다. 그 밖에 15대 가량은 민간용 헤비 트랙터로 개조-불하되었다.

체코슬로바키아의 판터 운용에 대해서는 상세한 정보가 없지만, 몇 가지 정황정보로 유추할 수 있는 여지는 있다. 시리아는 판터가 전부 퇴역한 1955년에 전차 구입을 위해 프라하를 방문했는데, 처음에는 판터를 요구했으나 결국 4호전차만을 구입했다. 아마 타국의 판터들이 그랬듯이 체코의 판터 역시 잦은 트러블에 시달렸을 가능성이 높다.

05 FRANCE
프랑스의 경우

프랑스 역시 체코슬로바키아와 유사한 규모의 판터를 운용했다. 다만 프랑스는 냉전 시 자유진영에 속한 국가였던 만큼, 판터 운용에 대한 정보도 상대적으로 많이 공개된 편이다. 전후 프랑스는 군 재건 과정에서 거의 전적으로 미국의 물자에 의존했다. 하지만 미국의 지원규모에는 한계가 있었고, 이는 가능한 빠른 시일 내에 유럽 대륙 내의 군사적 위상과 알제리나 인도차이나 등 해외식민지에 대한 영향력을 확보하려던 프랑스에게 턱없이 부족했다.

당시 프랑스는 소비에트 연방이 식민지 독립을 표방하는 공산주의자들에게 T-34나 IS-2를 제공하는 상황을 우려했지만, 소비에트제 전차를 제압할 만한 전차 수급은 쉽지 않았다. 따라서 프랑스는 자국산 고성능 전차 개발에 착수함과 동시에 개발 중에는 독일제 전차를 운용하는 방안으로 눈을 돌렸다.

프랑스는 전쟁 기간 중 가동 여부를 불문하고 59대의 판터를 얻었고, 전후에도 프랑스와 독일의 전장에 유기된 판터들을 추가로 입수했다. 이후 대부분의 판터를 해체하고 남은 부품을 바탕으로 49~50대의 정상 작동하는 판터가 완성되었다. 이 판터들은 1,500대에 달하는 신생 프랑스 전차 세력을 구성하는 조각이 되었다. A형, 혹은 G형으로 통일된 프랑스군의 판터는 1947년까지 제501, 503기갑연대에 대대 단위로 부분 배치되었다. 연대 소속 타 대대들은 M4 셔먼 등을 운용했다. 이후 부대 재편 과정에서 제6흉갑기병연대도 소규모 판터 전차를 운용했다. 부품용으로 포집한 판터의 수효가 많아서, 프랑스 역시 체코슬로바키아처럼 대대 규모 이상의 판터를 실전 운용 상태로 유지할 수 있었다.

하지만 타국에서도 그랬듯이 신뢰성이 발목을 잡았다. 특히 주둔지인 마른 일대에서 대대 단위의 기동 훈련을 여러 차례 실시한 프랑스는 판터의 엔진, 변속기, 파이널드라이브, 궤도로 이어지는 구동계 전반의 신뢰성이 장거리 작전이나 장기간 운용에 적합하지 않다는 결론을 내렸다. 따라서 전후 최초의 프랑스 국산 전차인 ARL44가 완성되자 프랑스군은 1951년을 기해 모든 판터를 전차부대에서 퇴역시켰다.

하지만 ARL44가 적절한 엔진을 확보하지 못해 문제가 많은 판터의 HL230엔진을 사용했고 전차 자체도 악평을 받으며 60대 생산에 그쳤음을 감안하면 판터와 ARL44의 교대에는 단순히 판터의 신뢰성 이상의 정치적 고려가 반영되었을 가능성도 있다. 퇴역한 판터는 1961년까지 예비역 장비로 보관되었으며, 보관이 해제된 후에는 무장을 탈거한 후 민간에 불하되어 대형 트랙터나 크레인의 플랫폼으로 쓰였다.

프랑스가 파악한 판터의 문제점들

프랑스는 자국산 신형 전차 개발을 위해 해체된 차량을 연구하고, 동시에 현용 장비로 일선 부대에서 운용하며 판터에 대해 많은 정보를 축적했다. 이 과정에서 확인된 판터의 문제점은 타국이 파악한 문제들과 대동소이했다.

먼저 HL210 엔진을 확대한 판터의 HL230 엔진은 급격한 배기량 증가와 블럭 재질 변경, 설계 시 상정한 수치보다 5톤 가량 늘어난 부하 등으로 인해 수명이 급격히 줄어들었다. 엔진은 평지에서도 1,500km 이상의 주행은 보장할 수 없었고, 야지주행과 전투기동이 포함될 경우 1,000km 가량이 한계였다. 프랑스가 운용한 전차들은 주행거리가 700~800km를 초과한 시점부터 주의를 기울여야 했다. 1,000km 이상 운행을 하더라도 높은 확률로 주 베어링의 소착 손상이나 커넥팅 로드 파손을 겪었다.

프랑스가 전쟁 말기의 '개선품'을 중심으로 전차를 재생하여 기화기 설계 결함으로 인한 화재 같은 문제를 거의 겪지 않았음을 감안하면 엔진 수명의 제약은 분명 심각한 문제였다. 게다가 냉각용량의 한계로 인해 상시 과열의 위험을 안고 있었으므로 회전수와 출력을 모두 2,500RPM 이하로 제한하지 않을 수 없었다. 과부하 상태의 동력체계와 무거운 차체의 조합은 연료 부담으로도 이어졌다. 평지 정속주행 시 4호전차보다 30% 많은 연료를 소비했고, 야지에서는 거의 두 배까지 소비량이 급증했다.

AK-7-200 변속기의 문제도 심각했다. 기어 교체 중 3단을 중심으로 발생하는 파손현상은 매우 빈번했고, 잦은 개선에도 불구하고 프랑스가 복원된 판터를 운용할 때까지도 고쳐지지 않았다. 오직 기어박스에 충격을 주지 않는 법을 익힌 숙련된 조종수만이 수명을 늘릴 수 있었다. 연합군 전차병들이 부러워하던 피봇 턴의 경우 2단 기어와 클러치에 심각한 손상을 야기한다는 점이 확인되어, 프랑스는 이 조작을 지시된 상황 외에는 하지 못하도록 했다. 그럼에도 1,500km를 주행하면 90% 이상의 판터는 반드시 변속기가 고장났다.

그리고 엔진과 변속기는 모두 변속기에서 궤도로 힘을 전달하는 파이널드라이브에 결함의 왕좌를 양보하지 않을 수 없었다. 판터는 최초에 30~35톤급으로 기획될 당시의 차체 전방 동력부 설계를 크게 바꾸지 않는 치명적 설계 미스를 저질렀고, 그 결과 파이널드라이브는 40톤을 초과하는 전차에 적합한 강도를 갖추지 못했다. 기어를 보다 크고 강한 대체품으로 교체하려 해도 하우징과 마운트조차 공간제약으로 충분한 크기와 강도를 갖추지 못한 상황이어서 큰 하중이 가해지면 마운트와 기어 톱니, 둘 중 하나는 반드시 충격과 손상을 입었다. 독일도 1944년 말까지 소재 등을 변경했지만 근본적인 해결책은 아니었고, 완전히 새로운 구조로 설계된 개선형 파이널드라이브는 전쟁 종결 당시까지 나오지 않았다.

프랑스에서 운용한 대부분의 판터는 150km 이상 전투기동을 하면 거의 반드시 파이널드라이브가 망가졌으며, 이를 연구한 영국 엔지니어들은 베어링과 하우징에 근본적인 설계결함이 있다고 결론지었다. 심지어 전후 독일의 기업이 파이널드라이브의 문제를 해결할 수 있다며 프랑스군에 접촉하기까지 했다.

별로 신경 쓰지 않아도 될 번외

1945년 6월, 소비에트군은 실험을 위해 베를린의 벤츠 공장에서 소수의 판터를 생산했다. 영국도 하노버의 MNH사 공장에서 독일 노동자들을 고용해 9대의 판터와 12대의 야크트판터를 제조하게 했다.

스웨덴은 1946년에 프랑스에게 판터 한 대를 요청했고, 프랑스는 복원한 판터 한 대를 인계했다. CIA 공개문서에 의하면 시리아는 프랑스에 티거 50대와 판터 20~30대를 주문했다. 당시 프랑스는 4호전차만을 판매했다.

EPILOGUE 에필로그

글. 이성주

편집부의 밤

"성주씨 그걸 왜 하려고 해요?"

《팝툰》의 전(前) 편집장 전재상 씨가 내게 한 말이다. 잡지 이름을 말하기도 전에 수화기 건너편에서 '아니 왜?'라는 물기 어린 목소리가 넘어왔다. 《호비스트》의 전(前) 편집장이자 발행인이었던 이대영 씨에게 연락을 했을 때의 반응도 똑같았다.

"이걸 왜 하려는 거예요?"

《헤드쿼터》를 창간해야 하는 당위를 말하는 이들 중 잡지 경험이 있는 사람은 아무도 없었다. 반대로 《헤드쿼터》를 만들지 말라고, 하더라도 최소한 편집장만은 하지 말라고 뜯어말리던 이들은 잡지 경험이 최소한 10년 이상 된 이들이었다. 창간이 결정되고 나서도 주저했었다. 두려웠다. 내 얄팍한 경험상 내 손에 쥐어진 걸로는 잡지를 만들 수 없었기 때문이다.

결국 인맥팔이가 시작됐다. 누군가는 자신이 현역 시절 사용했던 개발비 예산안을 건네줬고, 다른 이는 작가 섭외를 도와줬으며, 어떤 이는 내 기획안을 검토해 줬다. 역설적이게도,

"《헤드쿼터》는 《헤드쿼터》의 창간을 반대한 이들의 손에 의해 만들어졌다."

그럼에도 《헤드쿼터》를 하겠다고 덤벼든 이유가 뭘까? 바로 이 칼럼 때문이다.

"편집장 칼럼은 특권이다(라고 배웠다)."

취재팀장을 하던 시절. 취재팀 마감을 넘기고 편집장 책상 주변을 어슬렁거리면 '최후의 마감'인 편집장 칼럼을 '출산'하기 위해 오만상을 찌푸리던 여인을 볼 수 있었다. 기껏해야 A4 한 장이 될까 말까 한 글을 쓰기 위해 우주 삼라만상의 이치를 얼굴로 표현했던 편집장. 이해가 가지 않았다.

"글밥만 십수 년은 넘게 자신 양반이 뭘 그리 재고 따져요? 후딱 마감치고, 술이나 마시러 갑시다. 그냥 내가 써줘요?"

사수이자 편집장이었기에 이런 농지거리가 가능했던 걸 게다. 평소였다면 온갖 쌍욕을 퍼부었을 편집장도 이때만은 모아이 석상이 돼 시선을 천장의 형광등에 고정할 뿐이었다. 궁금했다. 잡지 한 호를 마감하고, 그 소회를 담아낸다는 느낌이.

편집장의 마감이란 어떤 느낌일까? 당시엔 발행인이 따로 불러 찔러준 수표 몇 장으로 미루어 짐작할 뿐이었다.

"편집장 좀 챙겨줘."

마감 전후로 편집장과 술판을 벌이던 일이 많았는데, 한 번은 택시비가 부족해 여자인 편집장만 집으로 보내고, 난 잡지사 사무실에서 잤다. 다음날 발행인이 날 부르더니 수표 몇 장을 찔러주며 앞으로 편집장 공식 마크맨으로 편집장을 케어하라는 명령 같은 부탁을 했다. 더듬어 보니 편집장은 마감 전후에 '광년이'가 됐다. 전(前)에는 예민한 광년이, 후(後)에는 모든 걸 방기한 광년이로.

십수 년 만에 편집장이 왜 그랬는지 알게 됐다. 아니, 이미 알고 있었는데 외면했다는 게 올바른 표현일 거 같다. 알고 있었으니 《헤드쿼터》의 창간을 앞두고 고민했던 게 아닌가?

이제는 '멸종 위기종'이 된 잡지 편집장의 대열에 한 발을 걸치게 됐다. 내 인생에서 편집장 칼럼을 쓸 일은 없을 거라 생각했는데, 돌고 돌아 이 자리에서 글을 쓰게 됐다. 이 특권을 얻기 위해 십수 년 전 사수는 얼마나 외롭고 힘들었을까? 인생은 언제나 너무 늦거나 빠르다.

사수에게 연락해 술이나 한 잔 해야겠다.